全—本—全—注—全—译

龍文鞭影

〔明〕萧良有 撰

中华文化讲堂 注译

吴江波 修订

团结出版社

图书在版编目 (CIP) 数据

龙文鞭影 / (明) 萧良有撰；中华文化讲堂注译.
— 北京：团结出版社，2016.11

（谦德国学文库）

ISBN 978-7-5126-4583-7

Ⅰ.①龙… Ⅱ.①萧… ②中… Ⅲ.①古汉语—启蒙读物②《龙文鞭影》—注释③《龙文鞭影》—译文 Ⅳ.①H194.1

中国版本图书馆CIP数据核字(2016)第266598号

出版：团结出版社

（北京市东城区东皇城根南街84号 邮编：100006）

电话：(010) 65228880 　　　65244790 　　（传真）

网址：www.tjpress.com

Email：65244790@163.com

经销：全国新华书店

印刷：北京天宇万达印刷有限公司

开本：148×210 　1/32

印张：9.25

字数：260千字

版次：2017年5月 第1版

印次：2022年2月 第3次印刷

书号：978-7-5126-4583-7

定价：38.00元

《谦德国学文库》出版说明

　　人类进入二十一世纪以来，经济与科技超速发展，人们在体验经济繁荣和科技成果的同时，欲望的膨胀和内心的焦虑也日益放大。如何在物质繁荣的时代，让我们获得内心的满足和安详，从经典中获取智慧和慰藉，或许是我们不二的选择。

　　之所以要读经典，根本在于，我们应当更好地认识我们自己从何而来，去往何处。一个人如此，一个民族亦如此。一个爱读经典的人，其内心世界必定是丰富深邃的。而一个被经典浸润的民族，必定是一个思想丰赡、文化深厚的民族。因为，文化是民族之灵魂，一个民族如果不能认识其民族发展的精神源泉，必定就会失去其未来的生机。而一个民族的精神源泉，就保藏在经典之中。

　　今日，我们提倡复兴中华优秀传统文化，当自提倡重读经典始。然而，读经典之目的，绝不仅在徒增知识而已，应是古人所说的"变化气质"，进一步，是要引领我们进德修业。《易》曰："君子以多识前言往行，以畜其德。"实乃读经典之要旨所在。

基于此理念，我们决定出版此套《谦德国学文库》，"谦德"，即本《周易》谦卦之精神。正如谦卦初六爻所言："谦谦君子，用涉大川"，我们期冀以谦虚恭敬之心，用今注今译的方式，让古圣先贤的教诲能够普及到每一个人。引导有心的读者，透过扫除古老经典的文字障碍，从而进入经典的智慧之海。

作为一套普及型的国学丛书，我们选择经典，不仅广泛选录以儒家文化为主的经、史、子、集，也将视野开拓到释、道的各种经典。一些大家所熟知的经典，基本全部收录。同时，有一些不太为人熟知，但有当代价值的经典，我们也选择性收录。整个丛书几乎囊括中国历史上哲学、史学、文学、宗教、科学、艺术等各领域的基本经典。

在注译工作方面，版本上我们主要以主流学界公认的权威版本为底本，在此基础上参考古今学者的研究成果，使整套丛书的注译既能博采众长而又独具一格。今文白话不求字字对应，只在保证文意准确的基础上进行了梳理，使译文更加通俗晓畅，更能贴合现代读者的阅读习惯。

古籍的注译，固然是现代读者进入经典的一条方便门径，然而这也仅仅是阅读经典的一个开端。要真正领悟经典的微言大义，我们提倡最好还是研读原本，因为再完美的白话语译，也不可能完全表达出文言经典的原有内涵，而这也正是中国经典的魅力所在吧。我们所做的工作，不过是打开阅读经典的一扇门而已。期望藉由此门，让更多读者能够领略经典的风采，走上领悟古人思想之路。进而在生活中体证，方能直趋圣贤之境，真得圣贤典籍之大用。

经典，是古圣先贤留给我们的恩泽与财富，是前辈先人的智慧精华。今日我们在享用这一份恩泽与财富时，更应对古人心存无尽的崇敬与感恩。我们虽恭敬从事，求备求全，然因学养所限、才力不及，舛误难免，恳请先贤原谅，读者海涵。期望这一套国学经典文库，能够为更多人打开博大精深之中华文化的大门。同时也期望得到各界人士的襄助和博雅君子的指正，让我们的工作能够做得更好！

团结出版社

2017年1月

前　言

　　中国古代的启蒙教育，以其丰富的知识内涵、朗朗上口的语言形式、事理并举的育人方法，至今仍影响巨大，深入人心。与正统的儒家经典相比，蒙学读物更直接、更具体、更真切地体现了我国传统文化的精神。

　　重温古代蒙学经典，对于我们当今青少年的文化积累、智慧启迪、言行规范及良好人格的培养，皆大有裨益。

　　在过去的私塾蒙馆，儿童蒙学都是从认字、学习规矩、增长见闻开始的，然后便是背诵一些知识类读物，为逐渐过渡到学习"四书五经"和作文打下了基础。唐末李瀚作的《蒙求》便属此类读物。全书采用四言韵文形式，两句一韵，分韵编排，上下两句各讲一个故事，很有特色，有学者称之为"实初学之津筏"（《四库全书提要》）。

　　明朝万历年间，萧良有仿照《蒙求》的体例，编写了《蒙养故事》一书。所谓《蒙养故事》，也就是儿童童蒙养正的时候必须要读的故事。

　　萧良有，字以占，号汉冲，汉阳人。他从小就很聪慧，被人称为神童。他在七八岁的时候，有一次到官船上谒见一位贵官。贵官想通过对联语来试探这位神童的才能，便出了一句上联："官舫夜光明两轮玉烛"，萧良有立即对曰："皇都春富贵万里金城"。此时贵官刚好要派人去办事，就对被派之人说："尔会即来，廿四弗来廿五来，廿五弗来廿六来。"萧良有认为又是出的上联，立即对出下联："静极而动，一爻不动二爻动，二爻不动三爻动。"因此受到这位贵官的特别赞赏。

他在11岁的时候就成为郡诸生，12岁应省试中副卷，15岁发科，开始参加科举考试。后参加明万历八年（1508年）会试，夺得第一。不过在殿试的时候，因为当时张居正监国，太监冯保想要巴结张居正，于是在殿试读卷时，就把萧良有放在一甲的第二名，把张居正的儿子张懋修列成了状元。张居正非常欣赏萧良有的才华，想把他招致门下，被萧良有委婉的谢绝了。后来张居正因为推行改革受到权贵冲击，官位被削，家产罚没，子孙被发配边疆，萧良有并没有落井下石，反而为其打抱不平。

萧良有先授编修，后迁至侍讲学士，后又任国子监祭酒（国子监是当时国家最高学府，祭酒就是校长），在当时声望极高。这样的人写出的童蒙读物，自然非同小可。

明末清初，安徽人杨臣诤结合《蒙求》和《蒙养故事》两书之长，对《蒙养故事》进行增补修订，改名为《龙文鞭影》，使之成为明清两代广为流传的蒙学读物。

龙文，原是产自西域的一种骏马，与蒲梢、鱼目、汗血并称"四骏"，后人常用来指那些才华出众的少年。北魏时，杨昱称赞其堂弟杨愔时曾说："此儿驹齿未落，已是吾家龙文。更十岁后，当求之千里外。"后来杨惜果然才华出众，官至北齐宰相，又被文宣帝封为开封王。杨臣诤便是取龙文"见鞭影则疾驰"之意，所以取书名《龙文鞭影》，希望"凡属驹齿未落者，皆当见鞭影而驰，以无负不佞校雠之苦志"（《龙文鞭影序》）。可见他对于童蒙教育寄予了深切的期望。

《龙文鞭影》内容广博，杂取各家，上至三皇五帝，下至唐宋各代，经史子集，无不涉猎，主要来自二十四史，介绍了中国历史上许多著名人物，如孔子、司马迁、诸葛亮、李白、杜甫、朱熹等人的典故与逸事，共收集了包括孟母断机、毛遂自荐、荆轲刺秦、鹬蚌相争、董永卖身、红叶题诗等两千多个典故，可称之为一本典故大全。全书与李瀚所作《蒙求》的体例一样，四字一句，两句一韵，各讲一个典故，读起来抑扬顿挫，琅琅上口。

在编排上，《龙文鞭影》也很有特色，它既不按人物或故事内容划分，也不按时代顺序划分，而是按照诗韵中的平声韵次序和韵部来划分，上平声十五韵（东、冬、江、支、微、鱼、虞、齐、佳、灰、真、文、元、寒、删），下平声十五韵（先、萧、肴、豪、歌、麻、阳、庚、青、蒸、尤、侵、覃、盐、咸）。不过，按照现代汉语的读音规范，许多汉字已经不在同一个韵部了。如"元"声韵中的一些句子，按照现代的读法应该归入"真"声韵或"文"声韵。但是，为了尊重原著，我们并没有作任何改动，仍依其旧。

由于《龙文鞭影》问世后，影响很大，成为有清一代颇受欢迎的童蒙读物之一。到了清末年间，广东番禺有李晖吉、徐兰畦二人合撰了《龙文鞭影二集》，取材和体例与杨臣诤增订版相同，篇幅也大体上相等。因为有了二集，自然称杨臣诤增订版为初集。清末民初时期出版的《龙文鞭影》，一般都是将初集、二集合在一起出版。

我们这次出版的《龙文鞭影》，底本是李恩绶校补的光绪刻本，没有包括二集在内，旧注也保持原本的面貌。在整理过程中，如有错讹不当之处，敬请读者指正。

自 序

枕经胙史，儒者事也，不此之务，仅日取兔园册子较量歧异，其贤于博弈几希。然读甫里先生传，有云借人书，篇帙坏舛，必为辑褫刊正。解者谓：辑，缺其缺略也；褫，删其复叠也；刊正，校刊其字句之谬误也。

明贤《龙文鞭影》一书，风行已久。童子入垫后，为父师者，暇即课其记诵，盖喜其字句不棘口，注中隶事甚多也。惟缺略复叠谬误之处，亦逐篇有之。余性驽骀，独与鲁望有同癖，向辑《（尚友录）箴讹》，颇为识者心许，兹为课儿辈计，因取此书原刻校雠一过，遇当增删处，明知其僭似，不敢避也。爰授诸筑氏，省传钞之劳。

近世咒角骎驹不多见，愿髫龄者日从此表而默识之，藉以鞭其聪明，则虽讥予为识途之导，余乐受之矣。

光绪癸未岁小阳月中浣二日丹徒后学李恩绶识于青溪寓寮

原　叙

　　王荆公教元泽求馆师须博学善士。或曰：童蒙何必尔？公曰："先入者为主，观于今之求师者与夫师之为师，其先入者可知已。"彼诗礼趋庭，饶有世业，貂蝉累叶，不乏嘉宾者可无论；自馀而外，凡一切委巷穷乡稍能自给之家，未有不竭力事师以期子之成者；顾或三四年或五六年或七八年者而学终自若，岂其中遂无汗血驹具一日千里之资者？卒之贤愚同病，咎且定谁归也？余心慜久之，每遇有裨幼学之书，往往不惜较雠，岂得已哉！

　　《蒙养故事》，明中楚萧汉冲先生为加惠幼学而作，取古事之相类者摘而成偶，又各谐之以韵，聪慧者日可数十事，迟钝者亦日可数事，不似声杂无伦者之难可强记也。为父为师，欲其逸而功倍，此乌可以废焉？惜其征事过少，而夏广文注又多舛谬疏略，是亦不可以已乎！

　　岁丙申，授经沙提，偶有暇暑，因取次一为更定，复益以安平李瀚《蒙求》对偶及江右俞文彬续集，然亦嫌征事多无味，而注更疏舛，其可存才千百之什一耳。庚子春，息影城西，朝来爽气，恒惬心情，缘取曩书，复为增订，迄秋尽而告竣，遂不止倍差于前，益思以博学为先入，自不禁其幅之溢也。友人王子、陆子与有同好，俱不辞搦管襄事，且怂恿余曰：
"君家龙文，又加一鞭影矣。"因更名《龙文鞭影》，付诸剞劂。凡属驹
齿未落者，皆当见鞭影而驰，以无负不佞较雠之苦志，斯可矣。曹吉利有
言："长大而能勤学者，惟吾与袁伯业。"心窃企之。

龙眠杨臣诤题

凡例八则

一、此书原刻每篇隶事八条，惟小注不匀称，每溢至下半叶。兹增事稍多，而限以篇幅，俾阅者一目了然。

一、原刻注中有引一事，复有前后代事相似者，一并附入，另以一圈识之。兹删其不甚类者，复取他书近似者踵补之。

一、此刻原删繁就简，而间有博引者，盖将助童子腹笥也。如梦松下复载入丁固梦桑一事，舜重瞳又多补后代重瞳事，此类可推。

一、此刻补古人名字、爵里较多，如一人前后见，尽前一条载其名谥，后不复衍。

一、近时坊间有《四言便读》两薄本，将萧氏原文删去一半，借以欺世；其小注硬行割裂，每条下间有缩仅半行者，如人始亚当诸条是也。识者鄙其太简，此书出而彼书可贱矣。

一、向怪此书原刻于三江韵内事独稀少，颇拟增设数条。嗣思萧氏创《蒙养故事》于前，经明贤杨氏古度增订再四，彼自喜其征事之多，似不敢再行貂续；然"潘阆藏名"句误潘为满，此沿《尚友录》之误，又"茂宏练服"误作练，俱不可不更正。至李固言作李固，韩翠屏作韩屏，余引前人读葛亮之例，且仍其旧，无事苛绳。

一、古人姓氏蝉联书者如麟阁功臣、瀛洲学士，暨香山、洛社诸贤等事，坊刻类模糊错乱；至九老中胡杲误为果，吉皎误为皎，及刘真、卢贞、卢真三人笔画，尤易混舛。斯刻从正史考核清晰者，可勿狐疑。

一、每条字义稍僻者，俱剖晰清楚，系于每条之尾，使童蒙易解。至注中古人姓名如江夏王锋证为萧氏，黄初平改为皇子之类，皆有依据，阅者就原刻比而观之，便知疏密，如必均加按字，恐贻狭隘之讥。

丹叔氏再志

目　录

卷之一

（龙文，良马也，见鞭影则疾驰，不俟鞭策而后腾骧也。）

一东

粗成四字，诲尔童蒙。

盖言每事撮要，仅以四字粗浅成文而已。

○唐李瀚《蒙求》亦每句四字。

物生之初，蒙昧未明，童子幼稚而蒙昧，象亦如之，故《易》称童蒙，教诲宜及早也。

○《文心雕龙》云："童蒙拾其香草。"

经书暇日，子史须通。

经谓五经、六经或十三经皆是。五经：《易》《书》《诗》《礼》《春秋》。加《乐经》为六经。十三经则《易》《诗》《书》《左传》《公羊》《穀梁》《礼记》《仪礼》《周礼》《论语》《孟子》《孝经》《尔雅》也。书：《四子书》（《学》《庸》《论》《孟》）及一切宜读者。诵读之余，不宜闲旷，故下文又及子史焉。

子谓老、庄、列、荀、扬、文中诸子书也。史，史书。古以

《书》《诗》《春秋》为三史。又《史记》、两《汉》为三史。今则以《史记》而下及元、明为二十四史，皆须讲明，盖所成四字，均出子、史中也。以上四句，原作书之由。

〇老，老聃。庄，庄周。列，列御寇。荀，荀卿。扬，扬雄。文中，王通也。聃，音丹。

重华大孝，武穆精忠。

虞舜本姓姚，系出虞幕，故称虞氏，遂以为有天下之号。史谓其光华之德可合于尧，因号重华。父顽，母嚚，弟傲，舜谐之以孝，故孔孟皆称其为大孝。而扬雄《法言》以为绝德焉。

〇幕，音莫。嚚，音银，语不忠信也。

宋岳飞，字鹏举，汤阴人。家贫力学，尤好《左氏春秋》、孙吴兵法。未冠，挽弓三百斤、弩八石。尝涅"精忠报国"（一说为"尽忠报国"）四字于背。靖康初，金人南侵，徽、钦北狩，飞应募，以五百骑破兀术十余万于朱仙镇，几灭金，为秦桧所害。初谥武穆，后改谥忠武。

尧眉八彩，舜目重瞳。

许慎曰：庆都，天帝女，寄伊长儒家。年二十九，无夫，出观于河，有赤龙负图而至，曰：赤龙受天下之图，有人朱衣、光面八彩，须鬓长赤。及孕，十四月生尧，视如图，眉有八彩之色。

〇下赤字尺同。尧，帝喾子，岂得无父。汉人尚谶纬，为论每如此。

目中重瞳，非凡民所有。舜耕历山，四岳荐于尧，遂受尧禅。其目有重瞳子，后项羽亦然，太史公遂疑为舜之苗裔，诬矣。

○按：此外有刘崇、鱼俱罗、明玉珍俱重瞳。又舜目重瞳上下生，项羽重瞳左右生，南北朝沈约则左目重瞳。南唐李后主、明聂大年止一目重瞳，皆主聪明过人。重瞳本是一种生理上的异常现象，因为少见，也被视为帝王之征。

商王祷雨，汉祖歌风。

商成汤姓子，名履，字天乙，汤其谥也。时有七年之旱，太史占之，当以人祷，汤遂请自当之。因翦爪断发，祷于桑林，以六事自责。曰："政不节欤？民失职欤？宫室崇欤？女谒盛欤？苞苴行欤？谗夫昌欤？"言甫讫，大雨数千里。

○桑林，今在亳州。

汉高祖过沛宫，悉召故人父老饮，酒酣。上击筑，自歌曰："大风起兮云飞扬，威加海内兮归故乡，安得猛士兮守四方！"于是起舞。又武帝《秋风辞》："秋风起兮白云飞，草木黄落兮雁南归。兰有秀兮菊有芳，怀佳人兮不能忘。泛楼船兮济汾河，横中流兮扬素波。箫鼓鸣兮发棹歌，欢乐极兮哀情多。少壮几时兮奈老何！"

○筑似瑟而大，头安弦，以竹击之。

秀巡河北，策据江东。

汉光武帝刘秀。长沙定王发后，高祖九世孙也。更始末为破虏将军，行大司马事。起兵巡行河北（河北，古时指黄河以北的地区，非今河北省），除莽苛政，邓禹杖策归之。因灭刘盆子、王郎，而中兴汉之天下。

〇更，平声。更始，刘玄年号。

季汉孙策，孙坚长子。十八岁与周瑜定计渡江，收服群盗，表请为讨虏将军。遂据有江东地，都建康。将死，以事授弟权，破荆州后即帝位，三分鼎峙。

太宗怀鹞，桓典乘骢。

唐太宗名世民，高祖次子。生四岁，有书生见之曰："龙凤之姿，天日之表，其年几冠，必能济世安民。"高祖使人追之不见，因采其语名世民。尝爱一佳鹞，偶持为戏，魏徵来，遂匿于怀。徵知，故奏事久，及出，其鹞竟死。

汉桓典字公雅，荣之后，以《尚书》教授颍川，生徒数百。灵帝朝为御史，常乘骢马，吏民畏之，乃相戒曰："行行且止，避骢马御史。"卒为宦官所嫉。

〇骢，马有黑色也。

典，龙亢人，即今之怀远。

嘉宾赋雪，圣祖吟虹。

岁将暮，梁孝王不悦，游于兔园。乃置酒集宾友，召邹生，延枚叟，相如末至。俄而微霰，零密雪下，王授简于司马大夫，使为之赋。相如避席而起，逡巡而揖，因赋之。邹阳闻之，懑然心服，乃作而赋积雪之歌，又续为白雪之歌，王乃寻绎吟玩，顾枚叔起而为辞。详见谢惠连《雪赋》。皆托言。

○霰，音线。

明彭友信遇太祖微行，太祖口占《虹蜺》诗："谁把青红线两条？和风甘雨系天腰。"命信续之。应声曰："玉皇昨夜銮舆出，万里长空架彩桥。"上大悦，次晨召为布政使。

○蜺、霓同。

郏仙秋水，宣圣春风。

唐李泌字长源，七岁能文，张九龄呼为"小友"。贺知章见之曰："此稚子目如秋水，必拜卿相。"玄宗召至，命与张说观棋，说试之曰："方若棋局，圆若棋子，动若棋生，静若棋死。"李泌答曰："方若行义，圆若用智，动若聘材，静若得意。"帝大悦，曰："是子精神，要大于身。"命游宫，坐贵妃膝，宫人进果。后官至宰相，以功封郏侯。尝辟谷导引，骨节珊然。

汉武帝谓东方朔曰："孔颜之道德何胜？"方朔曰："颜渊如桂馨一山；孔子如春风，至则万物生。"

○宋朱光庭师事程明道，归而告人曰："光庭在春风中坐了一个月。"

○光庭，公掞字。

恺崇斗富，浑潴争功。

晋后将军王恺、散骑常侍石崇，以豪侈相矜。恺以饴澳釜，崇以蜡代薪；恺做紫丝步障四十里，崇做锦步障五十里。武帝，恺甥也，每助恺。尝赐珊瑚树高二尺许，恺以示崇。崇取铁如意碎之，出珊瑚高三四尺者六七株，如恺者甚众，恺恍然自失。

○饴，音夷。澳，音郁。

晋王浑，字元冲；王濬，字士治。同领兵伐吴。濬先入建康，受孙皓降，明日，浑乃济江。遂忿憾相争，表濬不受节制，濬为不平。护军范通为之解和。濬尝梦人授以三刀，又益一刀，后为益州刺史。

○濬，阌乡人，小字阿童。浑，晋阳人。

王伦使虏，魏绛和戎。

宋王伦，高宗绍兴七年二月，为奉迎梓宫使如金。十二月，还自金，金许归梓宫及太后。寻复遣，八年三月，伦复偕金使来，许归河南、陕西地，实欲招谕江南，加以无礼。李纲疏论不省。胡铨复抗疏请斩伦及秦桧、孙近三人主和议者。

鲁襄公四年，戎狄侵晋，悼公欲伐之。魏绛言和戎五利：一、土可贾，二、稸人成功，三、诸侯畏怀，四、甲兵不顿，五、远至迩安。公悦，使盟诸戎。嗣后八年之内，九台诸侯，绛之力也。郑人赂，晋公以所赂乐之半赐绛。

○贾，音古。

恂留河内，何守关中。

光武北征，邓禹荐寇恂守河内，更始将苏茂来攻，大破之。帝喜曰："吾固知子翼可任也。"拜颍川太守。从征隗嚣，而颍川盗起，复从帝还颍，抚降之，不复拜。百姓乃遮帝道留之，曰："愿借寇君一年。"因复留镇，受纳余降。

○子翼，恂字。隗，音委。

汉萧何，高帝初为丞相。楚汉争锋，何留镇关中，转给馈饷，军需无乏。天下既定，以何功第一，封为酂侯，盖三杰之首也。

○关中，今陕西。汉都长安，东有函谷关，南有峣关、武关，西有散关，北有萧关，居四关之中也。酂，音赞，地在南阳。峣，音遥。

曾除丁谓，皓折贾充。

宋仁宗初立，京师语曰："欲得天下好，莫如召寇老；欲得天下宁，拔去眼前丁。"寇，寇准；丁，丁谓也。时王曾为相，见谓贬窜准，疑太重，谓答曰："居停主人勿复言，恐亦不免耳。"曾尝以第宅假莱公也。后因移皇堂于上穴事，贬谓崖州司户，曾实主之，人皆称快。

○上穴，真宗山陵也。

季汉，吴孙皓降晋，贾充问曰："尔凿人目，剥人面皮，此何等刑？"皓曰："因奸回弑君不忠者。"充默然。盖充曾附司马昭急攻诸葛诞，杀之。又使太子舍人成济抽戈犯跸。又劝昭立炎，而置齐王攸，攸卒不得其死也。观此，刘禅有愧于皓多矣。

田骄贫贱，赵别雌雄。

周田子方，魏文侯以为师。太子击遇于道，下车谒甚恭，子方不为礼。击怒曰："富贵者骄人乎？贫贱者骄人乎？"子方曰："贫贱者骄人耳，富贵者安敢骄人？国君而骄人，则失其国；大夫而骄人，则失其家：夫士贫贱者，言不用，行不合，则纳履而去，安往而不得其贫贱哉！"

汉赵温，字子柔。为京兆丞，雅有大志，尝叹曰："大丈夫当雄飞，安能雌伏！"遂弃官而去。

○汉置京兆尹，治长安。城中绝高曰京，千亿曰兆，大众所聚，故曰京兆，其佐使曰丞。

王戎简要，裴楷清通。

晋王戎，字濬冲。裴楷，字叔则。武帝问钟会："谁可任吏部？"会曰："王戎简要，裴楷清通，可当此任。"遂以二人为吏部郎。戎时始二十四，少年颖悟。楷丰仪俊整，朗朗如玉山上行，光映入目。

楷详上。

○又宋吕太乙为户部，吏部投牒，令树棘以防令史交通。太乙报曰："眷彼吏部，铨选之司，当须简要清通，何必设篱种棘。"时人以为名议。

○《世说新语》：武元夏目裴、王曰："戎尚约，裴清通。"

子尼名士，少逸神童。

晋王澄尝经陈留，问此郡名士有谁乎？吏曰："江应元，蔡子尼。"澄问陈留多居大位者，何以但称此二人？吏曰："向谓君侯问人，不谓位也。"澄笑而止。

○应元名统，子尼名充。袁宏有《名士传》，分三等。

宋刘少逸，年十一，文辞精敏。其师潘阆携见王元之、罗思纯，以所作赘见。二公因与联句试之。思纯曰："无风烟焰直。"少逸曰："有月竹阴寒。"又曰："日移竹影侵棋局。"少逸曰："风送花香入酒卮。"元之曰："风雨江城暮。"少逸曰："波涛海寺秋。"又曰："一回酒渴思吞海。"少逸曰："几度诗狂欲上天。"因闻于朝，赐进士及第。

巨伯高谊，许叔阴功。

汉荀巨伯远省友疾，值胡贼攻郡，友曰："吾今死矣，子可去。"巨伯曰："远来相视，子令吾去，败义以求生，岂荀巨伯所行者！"贼至，问曰："大军至，一郡尽空，汝何独止？"巨伯曰："友人有疾，不忍委之，愿以身代其死。"贼曰："我辈无义而害有义，不可。"遂去。一郡获全。

○谊、义同。

宋许叔微，名如可。笃志经史，尤邃于医。建炎初，大疫，叔微亲行间巷，为之诊疗，所活甚众。梦神曰："上帝以汝阴功，锡汝以官。"因留语云："药市收功，陈楼间阻。堂上呼卢，喝六作五。"后以第六人登第，陛见改第五人，在陈祖言、楼林九之间。

代雨李靖，止雹王崇。

唐李靖，字药师。微时射猎山中，会暮，抵宿一朱门。夜半闻叫门甚急，一妪谓靖曰："此龙宫也，天符命行雨，二子皆不在，欲奉烦何如？"遂命黄头披青骢马，戒以"马鸣，取瓶水一滴滴马鬣，则平地水深三尺。"靖见本乡旱极，连下三十余滴，归以语姬。姬曰："君必无家矣。"

〇龙宫在今潜山县东三里李家湾。

汉王崇丧父及母，哀毁独甚。尝夏月大雹，禽兽草木摧死，至崇田畔，雹遂倏止。菽麦十顷，意无损落。及越崇地，则雹势如初，人谓其孝感所至。后仕至大司空，封扶平侯。王莽专政，谢病就国卒。

（编者注：此注释有误。王崇，当为北魏王崇。王崇，字乾邕，北魏阳夏雍丘人也。兄弟并以孝称。身勤稼穑，以养二亲。仕梁州镇南府主簿。母亡，杖而后起，鬓发坠落。未及葬，权殡宅西。崇庐于殡所，昼夜哭泣，鸠鸽群至。有一小鸟，素质墨晴，形大如雀，栖于崇庐，朝夕不去，母丧始阕，复丁父忧，哀毁过礼。是年，阳夏风雹，所过之处，禽兽暴死，草木摧折。至崇田畔，风雹便止，禾麦十顷，竟无损落，及过崇地，风雹如初。咸称至行所感。崇虽除服，仍居墓侧。于其室前生草一根，茎叶甚茂，人莫能识。至冬中，复有鸟巢于崇屋，乳养三子，毛羽成长，驯而不惊。守令闻之，亲自临视。州以闻奏，标其门闾。）

和凝衣钵，仁杰药笼。

五代和凝，字成绩。举进士，名居十三。后知举选，范质亦居十三，谓之曰："以传老夫衣钵。"后历官皆与凝同。作诗云："从此庙堂添故事，登庸衣钵亦相传。"凝知贡举，所取皆一时之秀，称为得人。

唐元澹，字行冲。进士及第，累官通事舍人。狄仁杰器之。尝谓仁杰曰："下之事上，譬富家储积以自资也。脯腊膎胰，以供滋膳；参术苓桂，以防疾疢。门下充旨味者多矣，愿以小人备一药石可乎？”仁杰曰："君正吾药笼中物，不可一日无也。”

○胲，音谐。胰，夹脊肉。笼，一读上声。

义伦清节，展获和风。

宋沈义伦，太祖朝随军入蜀，每独居蔬食。及东归，箧中惟图书数卷而已。帝固问曹彬，始知其清节过人。擢为枢密副使。

展获，鲁公族无骇之子，盗跖之兄，食邑柳下。及死，门人将诔之。其妻曰："不如妾之知也。"乃曰："夫子之不伐兮，夫子之不竭兮，夫子之诚信而与人无害兮。屈柔从俗，不强察兮。蒙耻救民，德弥大兮。虽遇三黜，终不蔽兮。岂弟君子，永能厉兮。吁嗟惜兮，乃下世兮。夫子之谥，宜为惠兮。"故孟子称之曰柳下惠。

占风令尹，辨日儿童。

周尹喜为函谷关令，望见紫气东来，又占风而知有神仙过。俄老聃果乘青牛至，授喜炼气内修吐纳之法，又授以《道德经》五千言而去。后赐号文始先生，有《文始真经》行于世。

孔子东游，见两儿斗辩。问其故，一儿曰："我以日始出时去人近，而日中时远也。"一儿曰："日初出远，而日中近也。"一儿曰："日初出大如车盖，日中则如盘盂，此不为远者小而近者大乎？"一儿曰："日初出则沧沧凉凉，及其日中如探汤，此不为近者热而远者凉乎？"孔子不能决。两儿笑曰："孰谓汝多智乎？"见《列子》。

敝履东郭，粗服张融。

《史记》载东郭先生久待诏公车，贫困饥寒，衣履不完。行雪中，履有上无下，足尽践地。路人笑之，而逍遥自如也。

○铁脚道人赤脚行雪中，朗诵《南华》、《秋水》诸篇，取梅花和雪嚼之，曰："吾欲寒香沁入肺腑。"

齐高帝手诏赐张融衣，曰："见卿衣服粗敝，诚乃素怀有本；过尔褴褛，亦亏朝望。今送一通故衣，意谓虽故，乃胜新也。是吾所着，已令裁称卿体。"又道士陆修静以白鹭羽扇遗融曰："此异物，当奉之异人。"

○褴，音蓝。

卢杞除患，彭宠言功。

唐卢杞为虢州刺史，奏言虢有官豕三千为民患，德宗命徙之沙苑。杞曰："同州亦陛下百姓，臣谓食之便。"帝曰："守虢而忧他州，宰相才也。"诏以豕赐贫民。

○杞父奕，官御史中丞，安禄山陷东都，死之。德宗曰："卢杞忠清强介，人言杞奸邪，朕殊不觉。"李泌曰："此乃杞之所以为奸邪也，倘陛下觉之，岂有建中之乱。"

汉彭宠为渔阳太守，昔光武讨王郎，宠运粮不绝，自负其功，意望甚高。朱浮与之书曰："辽东之猪，古来皆黑，生子白头，异而献之。行至河东，见群豕皆白，怀惭而退。若以子之功论于朝廷，则为辽东之豕也。"

放歌渔者，鼓枻诗翁。

唐崔铉为江陵守，有楚江渔者，不言姓氏，钓于楚江，得鱼则换酒，辄自放歌。铉见而问曰："君隐者之渔耶？"对曰："姜子牙、严子陵世皆以为隐者，殊不知钓其名耳。"去而不顾。

〇宋郭祥正诗："得鱼无卖处，沽酒入芦花。"

宋卓彦恭尝过洞庭，月下有泛舟，一老翁棹其旁。卓问有鱼否，答曰："无鱼有诗。"乃鼓枻而歌曰："八十沧浪一老翁，芦花江上水连空。世间多少乘除事，良夜月明收钓筒。"问其姓字，不答而去。

〇枻，音异。

韦文朱武，阳孝尊忠。

符坚幸太学，博士卢壶曰："《周官礼注》未有其师，太常韦逞母宋氏，世传父业，非此母无可传授。"于是就其家立讲堂，置生徒百三十人，隔绛纱帐受业，号宣文君。

〇朱序镇襄阳，符坚遣将围之。序母韩氏登城，谓西北角当先受敌，遂领百余婢及城中女子，于其角斜筑城二十余丈。贼攻西北角，溃，因退保，号夫人城。

汉王尊为益州刺史。先是王阳来守是州，行至九折坂，叹曰："奉先人遗体，奈何乘此险道。"遂返车。尊至是，问吏曰："此非王阳所畏道耶？"叱其驭曰："驱之。"世称王阳为孝子，王尊为忠臣。在部二岁，微外服其威信。

〇《世说》：桓温入峡，绝壁天悬，腾波迅急。乃叹曰："既为忠臣，不得为孝子，如何？"

倚闾贾母，投阁扬雄。

齐王孙贾事湣王，楚淖齿乱齐国，王出走，贾失王之处。其母曰："汝朝去而晚来，则吾倚门而望；暮出而不归，则吾倚闾而望。今王出，汝不知其处，尚何归？"贾因率国人杀淖齿，立湣王之子，而齐赖以安。

○淖，音闹。闾，里门也。

汉扬雄，字子云，成都人。刘歆之子棻从之学，坐事诛，辞连及雄。时雄方校书天禄阁，惧而投阁下，几死。京师谚云："惟寂寞，自投阁。"后仁新莽，为大夫，作《剧秦美新》论。

○新，王莽篡窃之号。剧，音极。

梁姬值虎，冯后当熊。

宋韩世忠，字良臣，延安人。夫人梁氏，京口娼也。尝五更入府贺朔，见虎蹲卧廊间，骇甚，趋出，不敢言。已而众至，复往视，乃睡卒。蹴之，问姓名，为韩世忠。心异之，归告其母，以酒邀韩，约为伉俪，后世忠贵，遂封梁国夫人。见《鹤林玉露》。

○夫人小字红玉，赵雄奉诏撰世忠墓碑，载梁氏本楚州人。

汉傅太后与冯太后并事元帝为婕妤。帝幸虎圈，熊逸出，傅婕妤走，冯直前当熊而立。上问之，对曰："妾恐熊至御座，故以身当之。"傅惭，冯宠，由是有隙。

○婕，音接。妤，音俞，女官也。

罗敷陌上，通德宫中。

汉王仁妻秦罗敷，邯郸美女也。仁为赵王家令，罗敷出采桑陌上，王登台见而悦之，因饮酒欲夺焉。罗敷善弹筝，作《陌上桑》之歌以自明，歌载《古乐府》。

○邯郸，赵县名。筝，秦乐，蒙恬所造。

○汉严延年女，一名罗紃，音敷。

汉伶玄之妾樊通德，赵飞燕女使也。能道飞燕姊妹宫中事。玄曰："俱灰灭矣，疲精神，驰嗜欲，宁知终归荒田野草乎？"通德掩袖视烛影，以手拥髻，凄然泣下。玄因作《飞燕传》。

二冬

汉称七制，唐羡三宗。

西汉自高帝而下，有文，有武，有宣；东汉自光武而下，有明，有章，其余无称。故河汾王通尝以七制断之。南宫靖一曰："反复两汉之世，大抵仁义公恕，役简刑清，如七制之盛者，两汉之所以兴也；母后擅权，宦戚用事，如七制以下者，两汉之所以亡也。"

太宗除隋之乱，比迹汤武，致治之美，庶几成康。玄宗开元之初，励精图治，政如冰霜，号称至治。宪宗刚明果断，志平僭叛，卒收成功，唐威复振。唐有天下二十一君，史论以三宗为最。

○隋即"随"字，隋文帝去"辶"作隋。

杲卿断舌，高祖伤胸。

唐颜杲卿，字昕之，为常山太守。时安禄山乱，贼将史思明陷常山，杲卿以守具未备，遂为所执，骂贼不绝口。禄山怒，命钩断其舌，以致喷血而死。文天祥《正气歌》"为颜常山舌"，盖指此。

○杲，音稿。

汉高祖与项羽争雄。汉四年，羽与汉王临广武间而语。汉王数羽十罪，羽怒，伏弩射汉王，伤胸。汉王扪足曰："虏中吾趾。"因痛创卧，张良强请起行劳军，以安士心。

○扪，音门。

魏公切直，师德宽容。

宋韩琦，字稚圭，安阳人。以功封魏国公。为仁宗相，切直敢言，如厉声撤曹太后帘；英宗病，以调护圣躬责太后；及谏止行青苗法皆是。子忠彦知定州，州人庆曰："此老相公子也。"忠彦，字师朴，举进士，累拜右仆射观文殿大学士。

唐娄师德，字宗仁。武后时为相，宽大有容，尝谓其弟曰："人唾汝面，俟其自干可耳。"曾荐狄仁杰为相，而狄反挤之，武后出荐书示狄，狄退而叹曰："娄公盛德，我为所容久矣。"

○宋寇准每短王旦，旦专称准才能，密荐为节度使、同平章事，与娄、狄事同。

祢衡一鹗，路斯九龙。

汉祢衡，字正平，淄川人。客游颍、许，怀一刺漫灭无可投。孔融深爱其才，定为忘形交。上疏荐曰："鸷鸟累百，不如一鹗。使衡立朝，必有可观。"曹操亟见之，衡自称狂疾，不往。操怒，召为鼓吏，尝奏《渔阳》叁挝，音节悲壮，听者感慨。后为黄祖所杀。 ○祢，音你。

唐张路斯为宣城令，夫人石氏，生九子。尝钓于焦氏台，归则体湿而寒。夫人问之，曰："我龙也，蓼人郑祥远亦龙，今日与我争钓台宝殿，明日当战，使九子助我。我领绛绡兵，郑领青绡兵。"明日，齐射青绡，中之，九子皆化龙而去。

○蓼，音六，即今六安州。

纯仁助麦，丁固梦松。

宋范仲淹，字希文。知开封，命次子纯仁将麦五百斛还姑苏，舟次丹阳，遇石曼卿。云"家有三丧未葬"，纯仁举麦助之；又云"二女未适"，遂并其舟与之。还见公，话未毕，而公意悉与之合。

○纯仁，字尧夫；曼卿，名延年。

汉丁固，吴人。少时梦松生腹上，占者曰："松字于文为十八公，后十八年，君其为公乎？"卒如言。

○固尝梦井中生桑，问赵直。直曰："桑者四十八字，君寿不过四十八卒。"见《佩觿》注。

○又唐张志和母梦枫生腹上，生志和。

韩琦芍药，李固芙蓉。

江都芍药凡三十二种，惟红瓣黄腰称金带围者不易得。韩琦守郡时，偶开四枝，时王岐公珪为郡倅，王荆公安石为幕官，陈秀公升之以卫尉丞适至。韩公命宴花下，各簪一朵，后四人相继大拜，乃花瑞也。

○琦，音其。倅，音翠，副也。

唐李固言遇一老姥，言："郎君明年芙蓉镜下及第。"来年果中状元，第中有"人镜芙蓉"之语，老姥乃金天神也。见《酉阳杂俎》。

○按李固，汉人；固言，唐人，字仲枢。此作固言为是。

乐羊七载，方朔三冬。

周乐羊子远游就师，一年归来，妻跪问故，曰："无他，久行怀归。"妻乃引刀趋机曰："此织生自蚕茧，成于机杼。一丝而累，以至于寸，累寸不已，遂成丈匹。夫子积学，以成德也，若中道而归，何异断斯机乎？"乐羊子遂复卒业，七年不返。妻纺织以养姑，兼馈乐羊子。

○杼，音暑，即梭也。

汉东方朔，字曼倩，善诙谐滑稽。汉武即位，朔上书曰："臣年十二，学书三冬，文史足用。十五学击剑，十六学《诗》、《书》，诵二十二万言。十九学孙吴兵法。战阵之具，钲鼓之教，亦诵二十二万言。若是，可以为天子大臣矣。"帝伟之。

郊祁并第，谭尚相攻。

宋宋郊，字公序，雍丘人。少与弟祁遇胡僧，相曰："小宋他日当魁天下。"后十年，僧惊问大宋曰："丰神顿异，似活数万命者，亦当大魁。"盖郊曾做筏渡蚁。比唱第，小宋第一，章献太后谓弟不可先兄，命易之，乃以庠第一，祁第十，并入翰林。

○郊，仁宗命改为庠。祁，字子京，小字选郎。

季汉袁谭、袁尚皆冀州牧袁绍子。绍死，自相攻伐，以争冀州。曹操乘衅举兵，并夷灭之。

○绍字本初，汉司徒袁安之后，汉末据冀州。

○冀州即秦之巨鹿郡，东汉为安平国，曹魏时名冀州。

陶违雾豹，韩比云龙。

周陶答子治陶三年，名誉不兴，家产二倍。其妻谏曰："能薄而官大，是谓婴害；无功而家昌，是谓积殃。今夫子贪富图大。妾闻南山有玄豹雾隐，七日不下食者，何也，欲泽其毛衣而成其文章耳，故藏以避害。豕不择食，故肥而死。今君违此，得无后患乎？"不听，后果被诛。

唐韩愈《醉留东野》诗："昔年因读李白杜甫诗，长恨二人不相从。吾与东野生并世，如何复蹑二子踪。东野不得官，白首夸龙钟。韩子稍奸黠，自惭青蒿倚长松。低头拜东野，愿得终始如驱蛮。东野不回头，有如寸筳撞巨钟。吾愿身为云，东野变为龙。四方上下逐东野，虽有离别无由逢。"

○孟郊，字东野，与韩愈为忘年交。

洗儿妃子，校士昭容。

唐玄宗宠安禄山，值生辰，厚赐。后三日，入禁中，杨贵妃以锦绣裹安禄山，使宫人以彩舆舁之。上闻喧笑，问故，左右答以贵妃三日洗禄山儿。上喜，赐贵妃洗儿银钱，又厚赐禄山，尽欢而罢。自是出入无忌，颇有丑声闻于外，上不疑。

○舁，音预，对举也。

唐上官婉儿母方妊，梦巨人畀以大秤，曰："持此称量天下。"婉生逾月，母戏曰："称量岂尔耶？"辄哑然应。后为昭容，内秉机政。中宗春日幸昆明池，命侍臣应制，属昭容选第一者。昭容从楼上落纸如飞，惟沈、宋二诗不下，又落一纸，乃沈诗，曰："二诗功力悉敌，宋末句'不愁明月尽，自有夜珠来'，较沈更胜耳。"

彩鸾书韵，琴操参宗。

晋吴猛，字世云。女彩鸾，从丁义女秀英学道。后适文箫，箫贫不自给，鸾日写韵书一部，售以度日。居十年，各跨一虎而升。

○售，音酬。

宋苏轼在杭州，携妓琴操游西湖。一日戏曰："我作长老，你试参禅。"琴问："何谓湖中景？"轼曰："落霞与孤鹜齐飞，秋水共长天一色。""何谓景中人？"曰："裙拖六幅潇湘水，鬓耸巫山一段云。""何谓人中意？"曰："随他杨学士，鳖杀鲍参军。""如此究竟何如？"曰："门前冷落车马稀，老大嫁作商人妇。"琴大悟，遂削发为尼。

○鹜，音务。

三江

古帝凤阁，刺史鸡窗。

黄帝姓公孙，名轩辕。时凤凰巢于阿阁。先是帝问凤象于天老，天老详述其象，且曰："凤出东方君子之国，翱翔四海之外，见则天下大安。"帝乃斋于殿中，凤凰蔽日而至，集梧桐，食竹实，没身不去。

晋宋宗，字处宗，沛人。官兖州刺史。得一长鸣鸡，爱养窗前，后忽做人语，与处宗谈论，极有玄致。由是处宗玄业大进，时人称为"窗禽"。

亡秦胡亥，兴汉刘邦。

秦胡亥，始皇幼子，始皇崩，赵高、李斯矫诏杀太子扶苏，立胡亥为二世，秦因以亡。初，始皇因卢生秦箓图书，曰："亡秦者，胡也。"乃遣蒙恬发兵三十万，北筑长城，自临洮至辽东，延袤万余里，威镇匈奴。初不知胡乃胡亥也。 ○袤，音茂。

汉高祖刘邦，沛人。起自亭长，初称沛公。用三杰破秦灭楚，大兴汉室，传世十二，祚四百年。至光武而中兴汉室，至先主而鼎立蜀中，后主禅降魏，汉始亡。

戴生独步，许子无双。

后汉戴良，字叔鸾。议论高奇，多骇流俗。同郡谢季孝问曰："子自视天下孰可为比？"答曰："我若仲尼长东鲁，大禹出西羌，独步天下，无与为偶也。"

〇又王坦之字文度，与郗超并为桓温长史，时人语曰："盛德彬彬郗嘉宾，江东独步王文度。"

汉许慎，字叔重。性纯笃。少博学经籍，马融尝推敬之。时人语曰："五经无双许叔重。"初，慎以《五经》传说臧否不同，于是传为《五经异议》，又作《说文》十四篇以献，特举孝廉。

〇又南北朝伏挺，少敏悟，及长，博有才思。任昉曰："此子日下无双。"又汉黄香博通经典，能文章，京师号曰"天下无双，江夏黄童"。

柳眠汉苑，枫落吴江。

汉苑中有柳，状如人形，因号之曰人柳。一日三眠三起，不差时刻，李义山《江之嫣赋》曰："岂如河畔牛星，隔岁止闻一过；不比禁中人柳，终朝剩得三眠。"

〇江之嫣，美人名。

唐崔信明以五月五日生，日方中，有异雀鸣集庭树。史占之，曰生子当以文显，位殆不高。贞观中为秦州令，卒。工诗，有"枫落吴江冷"之句。郑世翼因请睹其全，以为所见不逮所闻，遂投其所作于水而去。

鱼山警植，鹿门隐庞。

鱼山在泰安府东阿县西，曹植尝登此山临东阿。忽闻岩岫里有诵经声，清通深亮，远谷流响，肃然有灵，不觉敛矜祗敬，即效而则之，今之梵唱，皆植依拟所造。又植徙封东阿后，登鱼山，喟然有终焉之志。今陈思王墓在山上。

〇按山即《瓠子歌》之吾山也，山又有神女智琼祠。

后汉庞德公，襄阳人。终年不入城府，荆州刺史刘表数延请，不能屈。后携妻子登鹿门山采药不返。

〇按鹿门山在襄阳府城东三十里，襄阳侯习郁立神祠于山，刻二石鹿夹神道口，谓之鹿门山。

〇孟浩然少亦隐此。

浩从床匿，崧避杖撞。

唐孟浩然字浩然，年四十，始游京师，与王维友善。维私邀入内署，适明皇至，浩然匿床下。维以实对，帝曰："朕闻其人而未见也。"诏浩然出，诵所为诗，至"不才明主弃"，帝曰："卿不求仕，朕未尝弃卿，奈何诬我？"因放还。采访使韩朝宗约浩然偕至京，欲荐诸朝。会与故人剧饮欢甚，不赴。朝宗怒，辞之，浩然亦不悔也。

汉明帝性褊察，喜以耳目隐发为明。公卿大臣，数被诋毁；近臣尚书以下，至遭提曳。尝以事怒郎药崧，以杖撞之。崧走入床下。帝怒甚，急言曰："郎出。"崧乃曰："天子穆穆，诸侯皇皇，未闻人君，自起撞郎。"

〇又田凤为尚书郎，入奏事。灵帝目送之，题柱曰："堂堂乎张，京兆田郎。"

刘诗瓿覆，韩文鼎扛。

明刘基，字伯温，青田人。元进士，为江浙儒学副提举，弃官隐青田山。太祖征基入见，陈时务十八策。北伐中原，遂成帝业，封诚意伯。所作文章为一代之宗，所著有《犁眉公集》、《覆瓿集》，卓然元音。谥文成。

〇汉巨鹿侯芭从扬雄受《太玄》《法言》，刘歆谓雄曰："今学者有禄利，然尚不能明《易》，其若《玄》何，吾恐后人用覆酱瓿也。"

唐韩愈，字退之，河阳人。擢进士第，官至吏部侍郎。诗与李白、杜甫称三杰，有诗云："龙文百斛鼎，健笔乃独扛。"公自言其诗也。

〇班固《宝鼎》诗："宝鼎见兮色纷缊，焕其炳兮被龙文。"又黄庭坚赠米元章诗："虎儿笔力能扛鼎。"虎儿，元章子友仁小字。

愿归盘谷，杨忆石淙。

盘谷在河南济源县北，唐李愿隐此。韩愈《送愿归盘谷序》云："太行之阳有盘谷，盘谷之间，泉甘而土肥。""或曰，谓其环两山之间，故曰盘。或曰，是谷也，宅幽而势阻，隐者之所盘旋。"

〇按西平王李晟子名愿，曾仕至武宁节度使，与愈序中意不合，当另有一人。

镇江府城南，有杨一清石淙精舍，在丁卯桥侧。一清，字应宁，其先云南安宁人。公少能文，以奇童荐为翰林秀才，宪宗命内阁择师教之。年十四，举乡试，登成化八年进士。父景葬丹

徒，遂家焉。李梦阳记云：石淙有虎丘之丘，曹溪之溪，螳螂之
川，自昆明池来者，奔流数千里，其地崩湍激石，泠然金石之
音，故云石淙。

弩名克敌，城筑受降。

宋韩世忠于金入寇时，造克敌弓以当敌骑冲突。其发可至百
步，其劲可穿重甲。淳熙九年，淮东总领朱佺言："镇江一军乃
世忠部曲，诸军计弩手八千八百四十二人，人合用两弓，一弓一
日上教，一弓备出战，合用弓万七千六百八十有四。往岁调发，
不免损失，乞下镇江都统司足其额。"

受降城在山西大同府西北。

○《李陵传》："诏抵受降城休士。"注："受降城本公孙
敖所筑。休，息也。"《一统志》：中东西三城皆唐朔方总管张
仁愿所筑，仁愿请乘虚取漠北地，于河北筑三受降城。当虏南寇
路，斥地三百余里。至此，突厥不敢逾山牧马。

○仁愿，华州下邽人，封韩国公。

韦曲杜曲，梦窗草窗。

西安府南有韦曲，地近樊川，唐韦安石别业，擅林泉花竹之
胜。贵家园亭，侯王别墅，多萃于此。

○《三秦记》："韦曲在皇子陂之西。"又有杜曲，唐杜
岐公佑致仕，与昆仲时贤游纵其间。杜固谓之南杜，杜曲谓之
北杜。韦、杜二氏俱显仕，时人语云："城南韦、杜，去天尺
五。"

南宋吴文英，字君特，四明人。从吴毅夫游，工词，有《梦窗甲、乙、丙稿》四卷。尹惟晓云："求词于吾宋，前有清真（周邦彦也），后有梦窗，此非予之言，四海之公言也。"

〇又周密，字公谨，济南人。侨居吴兴，自号弁阳啸翁，又号萧斋。精于词，有《草窗词》二卷，一名《蘋洲渔笛谱》。

〇宋儒周茂叔斋前草不除，曰："与自家生意一般。"

灵征刍狗，诗祸花尨。

明陈士元著《梦古逸旨》有云："梦亦觉也者，如庄子梦为蝴蝶，梁世子梦为鱼鸟是也。觉亦梦也者，如太史刍狗之梦，周宣刍狗之占是也。"注：《魏志》：周宣，字孔和。太史问宣梦见刍狗，宣曰："得饮食。"他日又问梦见刍狗，曰："堕车折脚。"他日又问梦见刍狗，曰："有火灾。"太史曰："三问皆非梦，聊试君耳，何以皆验？"

明高启，字秀迪，自号青邱子，长洲人。洪武初召修《元史》，擢户部侍郎。工诗。以题宫女图触高帝之怒，藉坐魏观事伏法，年三十九。诗云："女奴扶醉踏苍苔，明月西园侍宴回。小犬隔花空吠影，夜深宫静有谁来。"又御史张尚礼作宫怨诗，帝以其能摹写宫闱心事，下蚕室死。

〇魏观筑台，启上作梁文。

嘉贞丝幔，鲁直彩缸。

唐郭元振美丰姿，宰相张嘉贞欲纳为婿，曰："吾有五女，命各持一丝于幕后，子牵之，得者为妇。"元振牵一红丝，得第三女，贤而色美。元振后拜相。

　　○武后索元振所为文章，上《宝剑篇》。

　　○又李林甫有六女，于堂壁开一横窗，蒙以绛纱，凡子弟进谒者，令女于窗下自选，号选婿窗。

　　宋黄鲁直之子求婚于苏迈之女，纳吉时以红彩缠其缸。

　　○婚姻有六礼，一曰纳采，二曰问名，三曰纳吉，四曰纳征，五曰请期，六曰亲迎。

　　○苏迈，东坡长子。

四支

王良策马，傅说骑箕。

　　汉中有四星曰天驷，旁一星曰王良。《步天歌》云："五个吐花王良星，良星近上一策名。"《黄帝占》曰："四马参差不列行，则天下安；四马齐行，王良举策，则不安，天子自临兵。"《史记》云："王良策马，车骑满野。"

　　○汉王良，字仲子，王莽累辟不应。

　　《庄子·大宗师》篇："傅说得之，以相武丁，奄有天下，乘东维、骑箕尾而比于列星。"得之指道言。今箕尾间有傅说一星，主祀章，为后宫祀神明，保子孙。明大则王者多子孙，亡则社稷无主，入尾则天下诅咒。庄周盖取此以相比，非真谓说能上升也。

　　○说，音悦。

伏羲画卦，宣父删诗。

伏羲，风姓，号太昊，一号春皇。时黄河龙马浮出，背旋成图，具阴阳奇偶之数。帝见法之，画成八卦：乾一、兑二、离三、震四、巽五、坎六、艮七、坤八，是谓之先天。其后文王、周公、孔子相继而成《易》。

〇马八尺以上曰龙。奇，音基。

至圣孔子，哀公诔为尼父，西汉褒谥成宣，又加称至圣文宣王。周流四方，道不行，退而归鲁，古诗三千余篇，删为三百十一篇，以授子夏为之序。至秦汉之际，复亡其六。

高逢白帝，禹梦玄彝。

汉高祖微时被酒，夜经泽中，有大蛇当道，高祖拔剑斩之。后人来至蛇所，有老妪夜哭曰："吾子白帝子也，化为蛇当道，今赤帝子斩之。"妪忽不见。后人以告高祖，心独喜，自负，从者日众，推戴益隆。

禹治水至衡山，血白马以祭。梦有赤绣文男子称玄彝苍水使者，曰："欲得我简书，斋于黄帝之宫。"禹斋三日，果得金简玉牒，因知治水之要。或云得于岣嵝峰，或云得于宛委，今岣嵝有神禹碑，皆科斗文字，未究孰是。

〇岣嵝，即衡山。宛委，山名，在会稽。

寅陈七策，光进五规。

宋高宗时，起居郎胡寅进七策：一、罢和议而修战略。二、置行台。三、务实效。四、起天下之兵。五、都荆襄。六、选宗室。

七、存纪纲。吕颐浩为平章兼江淮宣抚，恶其切直，罢之于外。

〇寅字明仲，称致堂先生。

宋司马光，仁宗朝知谏院，上三札，又进五规，曰保业，惜时，远谋，谨微，务实。帝嘉纳之。

〇唐人奏事，非表非状者，谓之札子。又淳熙中侍读郑丙取"五规"以进。

鲁恭三异，杨震四知。

后汉鲁恭，字仲康。为中牟令，邻邑苦蝗，独不犯恭界。河南尹袁安遣掾肥亲廉之，与恭息桑阴，有雉过儿童旁。掾曰："何不捕之？"童曰："雉方将雏。"掾辞恭曰："虫不入境，化及禽兽，童子有仁心，三异也。"还，白安表荐为大司徒。

〇掾，音砚，官属。肥亲，掾姓名。

〇孟昶《戒石铭》："政存三异。"

汉杨震，字伯起。迁东莱太守，道经昌邑，所举荆州茂才王密为邑令，夜怀金献之。震曰："故人知君，君不知故人，何也？"密曰："暮夜无知者。"震曰："天知，地知，子知，我知。何谓无知？"密惭而退。又尝为涿州守，公廉不受私谒。或劝其置产以遗子孙，震曰："使后世为清白吏子孙，所遗不已多乎！"子名秉，字叔节，即世称"三不惑"者。

邓攸弃子，郭巨埋儿。

晋邓攸，字伯道。为尚书。尝因石勒之乱，弃其己子系之树，特负其侄而逃。及过江，纳一妾，甚宠，询其家属，即攸甥也。遂感恨，不复畜妾，后竟无子。谢太傅哀之，曰："天道无知，使伯道无儿。"

○石勒，五胡之一。

汉郭巨，字文举，林县人。家贫不能供母，每食母，儿必分甘。夫妇欲埋其儿，谓子可再有，母不可复得。掘土三尺余，忽见黄金一釜，上有丹书曰："天赐孝子郭巨，官不得夺，人不得取。"

○一云巨将卖儿，妻不敢违，一日偶掘坑得此金。

公瑜嫁婢，处道还姬。

宋钟离瑾，字公瑜，合肥人。知德化县，将嫁女，市婢，乃前令女，遂与己女同嫁。夜梦绿衣丈夫谢曰："请命于帝，奉十郡太守，世禄于君子孙。"即前令也。

杨素，字处道。陈乐昌公主，徐德言妻也。陈乱，夫妇相诀，破一镜，各执其半，约他日以正月望日卖于都市。及陈亡，公主为越公杨素家姬。德言流离至京，遇上元，公主令苍头卖半照，高大其价。德言引至寓，出半照合之，乃题诗曰："照与人俱去，照归人不归。无复垣娥影，空留明月辉。"素知之，即召德言，还其妻，厚遗之。

允诛董卓，玠杀王夔。

汉王允，字子师。有才略，郭林宗见而异之，曰："王生一日千里，王佐才也。"献帝朝为司徒，忿董卓专恣，乃潜结卓将吕布，定计诛之，弃其尸于市。守尸吏燃灯卓脐，光明达曙者三日。

宋余玠为四川宣谕司，利司都统王夔，素残悍，不受节度，蜀人苦之。玠至嘉定，夔帅所部迎谒。玠徐徐命吏以次班赏，而密与亲将杨成计，僭以成代领其众，招夔计事，至即斩之。

石虔矫捷，朱亥雄奇。

晋桓石虔，矫捷绝伦。从父豁猎围中，见猛兽被箭而伏，诸将素知其勇，戏令拔箭。虔往拔之。得一箭，猛虎跳，虔亦跳，高于虎身。虎又伏，虔复拔一箭以归。从桓温入关，威镇敌人。桓冲被符坚所围，垂没，石虔跃马赴之，救冲于数万众之中。时有病疟者，云"石虔来"以怖之，辄愈。

○石虔，小字镇恶。

周朱亥，大梁人，勇侠，隐于屠肆。侯赢荐之魏公子无忌，使奉璧谢秦。秦王怒，使置之虎圈。亥发上冲冠，瞋目视虎，虎不敢动，遂以礼遣。复使亥袖四十斤铁椎击杀晋鄙，夺其兵，遂退秦存赵。

○晋鄙，魏将姓名。

平叔傅粉，弘治凝脂。

季汉何晏，字平叔，南阳人。善谈老庄，官吏部尚书。美姿仪，面至白。魏明帝疑其傅粉，正值夏月，与以热汤饼。既啖，大汗出。以朱衣自拭，色转皎然。

晋杜乂，字弘治。其肤清绝。王右军见之，叹曰："面如凝脂，眼如点漆，神仙中人也。"有称王长史形者，蔡子尼曰："恨诸人不见杜弘治耳。"

○王长史，名仲祖。

○《江左名士传》曰：杜弘治清标，令上为后来之美。

伯俞泣杖，墨翟悲丝。

汉韩伯俞性至孝，尝有过，母笞之，泣。母曰："从前数杖汝弗泣；今泣，何也？"俞对曰："往者杖尝痛，知母康健；今杖不痛，知母力衰，是以悲泣。"

○俞，一作瑜。陈思王《灵芝篇》曰："伯瑜年七十，彩衣以娱亲。"

墨翟，战国时宋人，著书十篇，号为墨子。时见有染丝者，悲叹曰："染于苍则苍，染于黄则黄，五入则为五色，不可不慎也。非独染丝，治国亦然。"

○《文心雕龙》："才有天资，学慎始习。斫梓染丝，功在初化。"

能文曹植，善辩张仪。

季汉魏曹植，字子建，曹操第三子。十岁善属文，才敏七步。操尝疑为倩人，植曰："出言为论，下笔成文，固当面试，奈何倩人。"当时目为绣虎。谢灵运尝言："天下才共一石，子建独得八斗。"封陈王，谥曰思。

○又唐柳公权从幸未央宫，帝驻辇曰："朕有一喜，当贺我以诗。"乃应声成文，上曰："子建七步，尔乃三焉。"

张仪，战国时魏人。与苏秦同师鬼谷。尝从楚相饮，诬以盗璧，击之遍体。归问其妻曰："视我舌在否？"曰："在。"曰："舌在足矣！"善辩，因连衡六国，使皆割地事秦。为秦、魏二国相，封武信君。

〇鬼谷，王诩也。

温公警枕，董子下帷。

宋司马光，字君实，夏县人。哲宗朝为相，封温国公，一室萧然，图书盈几。尝喜读书，恐其熟睡，乃以圆木为枕，小睡则枕敧而觉，乃起更读。

〇按唐钱武肃王镠在军中尝为警枕，温公或法之欤。

汉董仲舒，广川人。少治《春秋》，勤于嗜学。下帷讲诵，三年目不窥园圃。后举贤良，廷对"天人三策"，谓不在六艺之科孔子之术者，宜绝勿进，凡治申、韩、苏、张之说者，宜罢之。为江都相，又以正谊明道之言折易王"越有三仁"之问。程子称其度越诸子，为汉醇儒。

〇易王，汉武帝兄，封江都。

会书张旭，善画王维。

唐张旭，字伯高。善草书，性嗜酒。每大醉，呼叫狂走，乃下笔，或以发濡墨而书。既醒自视，以为神。初为常熟尉，有老人陈牒求判，信宿又至。旭责之，曰："观公笔奇妙，欲以藏家耳。"因出其父书，天下奇笔也，旭自是尽得其法。又尝见公主担夫争道而得笔法，观公孙大娘舞《剑器》，更得其神，人称草圣。

〇舞《剑器》，空手舞也。

唐王维，字摩诘。开元九年进士第一，画思入神。有别墅在辋川，与裴迪时游其中。因为画图，极臻其妙。苏子瞻曰："味摩诘之诗，诗中有画；观摩诘之画，画中有诗。"

〇秦太虚观辋川图便却疾。墅，音竖。

周兄无慧，济叔不痴。

晋悼公，名周。鲁成公十八年春正月，栾书、中行偃使程滑弑厉公，以车一乘，使荀莹士鲂逆周于京师，立之。生十四年矣。大夫逆于清源，庚午盟而入，辛巳朝于武宫，逐不臣者七人。周有兄而无慧，不能辨菽麦，故不可立。

晋王湛，字处冲，雅抱隐德，遂负痴名。兄子济往省，略无子侄敬。忽见床头有《易》，讶之，与谈，湛为剖析入微。又与乘马驰骋，步骤不异于济。济叹曰："家有名士，三十年而不知。"先是武帝尝调济："卿家痴叔死未？"至是济应曰："臣叔不痴。"为道其美。帝问谁比，曰："山涛以下，魏舒以上。"于是显名，年三十八始宦。

杜畿国士，郭泰人师。

季汉杜畿自荆州还，至许见侍中耿纪，语终夜。尚书令荀彧与纪比屋，夜闻畿言，异之。旦遣人谓纪曰："有国士而不进，何以居位？"既见畿，如旧相识，遂进之于朝。

汉郭泰，字林宗，介休人。魏昭童子时，求入事泰，供给洒扫。泰曰："当精义讲书，何来相近？"昭曰："经师易获，人师难遭。欲以素丝之质，附近朱蓝。"于时泰名显，士争归之，载刺常盈车。又于梁陈间行遇雨，巾一角垫，时人乃故折巾一角，以为"林宗巾"。

伊川传易，觉范论诗。

宋程颐尝游成都，见治篾箍桶者挟册，就视之，则《易》也。篾者问曰："若尝学此乎？"因论未济卦，知三阳失位为男穷之义。颐后谓袁滋曰："《易》学在蜀矣。"又尝见卖酱薛翁，与语，大有得，盖篾叟、酱翁皆蜀之隐君子也。

○按滋一作袁溉，字道洁，其学得于富顺监卖香薛翁。

宋彭觉范为僧，善诗。有弟名超然，为人谨厚，亦善论诗，极有风味。尝曰："诗贵得于天趣。"觉范曰："何以识其天趣？"曰："能知萧何所以识韩信，则天趣可识矣。"觉范竟不能屈。

董昭救蚁，毛宝放龟。

汉董昭之，字公仁。渡钱塘，见短芦浮一巨蚁，甚遑遽。因引芦至岸，蚁得济。夜梦乌衣人谢曰："仆蚁王也，感君济溺，君后倘有急难，当告。"后昭之被盗诬系余杭狱，忽忆梦，同禁者令取一二蚁置掌中，语之。昭之如其言，果复梦乌衣曰："可急投山中。"既寤，众蚁啮械穴狱，因得出，投山中，遇赦免。

晋毛宝，字硕真。年十二，见渔人吊得一白龟，宝赎放之。后守邾城，与石虎战败投江，足蹑一物，得至岸。回视之，则向所放龟也，昂首摇尾而去。

○按《晋书》，放龟乃宝之军士事。

乘风宗悫，立雪杨时。

南北朝宗悫，字元幹，南阳人。炳之从子。少时，叔父问所志，答曰："愿乘长风破万里浪。"仕刘宋为豫州太守，曰："得一州如斗大，何足展吾志。"后为振武将军，伐林邑，克之。珍宝山积，秋毫不染，归惟枕被而已。后封洮阳候。

○惫，音却。

宋杨时，字中立，南剑将乐人。潜心经史，第进士，调官不赴，以师礼见程颢于颖昌，相得甚欢。及归，颢目送之曰："吾道南矣。"颢卒。又从程颐于洛，时年已四十。事颐愈恭。一日，颐偶瞑坐，时与游酢侍立不去。颐既觉，门外雪深一尺矣。杜门不仕者十年，久之，历知浏阳、余杭、萧山三县，皆有惠政。

○游，字定夫。

阮籍青眼，马良白眉。

晋阮籍，字嗣宗。丰仪瑰杰，神气宏放，当其得意，忽忘形骸。属天下多故，名士少有全者，遂甘饮自适。能为青白眼，见俗客则以白眼对。尝居丧，嵇喜往吊，籍作白眼，喜不怿。喜弟康闻之，扶琴赍酒造焉，籍乃大悦，见青眼。

季汉马良，字季常，襄阳宜城人。五兄弟并以才著，良眉际有白毫，里人称之曰："马氏五常，白眉最良。"昭烈领荆州，辟为从事，即位，以为侍中，及征吴遣入武陵招纳五溪蛮，皆受印号。

○季常外有伯常、仲常、次常、幼常。

韩子孤愤，梁鸿五噫。

韩非，韩之诸公子也。与李斯共事荀卿，善刑名法律之学，作《说难》《孤愤》《五蠹》《说林》十余万言。秦王尝手其书读之，叹曰："朕得与此人游，死不恨矣。"韩纳地称藩于秦，使非往聘，始皇悦之。未及用，李斯既谮之，下吏自杀。

〇《说难》之"说"，音税。

汉梁鸿，字伯鸾。家贫尚节操，因东出关，过京，作《五噫歌》。肃宗求之，鸿乃变姓名为运期耀。字侯光，隐于齐鲁间。后与其妻孟光适吴，依皋伯通，居庑下，为人赁春。妻具食，必举案齐眉。伯通异之，曰："彼佣能使其妻相敬如此，非凡人也。"乃舍之于家。死葬要离冢旁，妻子归扶风。

〇要离，春秋时吴国刺客。

钱昆嗜蟹，崔谌乞麖。

宋钱昆，字裕之。初，惩藩镇之弊，置通判以贰州事，故常与守争权，曰"朝廷使我监汝"。昆性嗜蟹，为少卿求补郡，人问所欲，昆曰："但得有螃蟹无通判处，则可矣。"东坡诗有云："欲问君王乞符竹，但忧无蟹有监州。"宋人诗文喜用本朝故事。

北齐西河守崔谌，恃弟暹势，从李绘乞麖角鸽羽。绘答书曰："鸽有六羽，飞则冲天；麖有四足，走便入海。下官手足迟钝，不能近追飞走，以事佞人。"

〇谌，音忱。暹，音先。绘时拜高阳内史。

隐之卖犬，井伯烹雌。

晋吴隐之，字处默，濮州人。性至孝，将嫁女。谢石知其贫素，移厨帐助其经营。使者至，见其婢方牵犬卖之，此外萧然无办。其时为谢石主簿也。

○又宋胡铨嫁女，惟《汉书》一部，匣一砚。又汉戴叔鸾嫁女，惟贤是与，不问贵贱；五女并贤，皆练裳竹笥木履以遣之。

周百里奚，字井伯。家贫，出游不返，其妻无以自给，乃西入秦，为浣妇，遂与相失。后奚为秦相，妻知之，未敢言。一日，奚坐堂上作乐，所赁浣妇自言知音，因援琴而歌者三：其一曰："百里奚，五羊皮。忆别时，烹伏雌，炊扊扅，今日富贵忘我为？"问之，乃故妻也，遂还为夫妇。

○扊，音移。扅，音掩，门枋也。

枚皋敏捷，司马淹迟。

汉枚皋，字少孺，乘子，淮阴人。武帝时，年十七，上书梁共王，拜为郎。好诙谐，喜赋颂，又极敏捷，时以比东方朔。扬雄曰："军旅之际，戎马之间，飞书驰檄，则用枚皋。"

○乘，字叔，景帝朝拜宏农都尉。

汉司马相如，武帝朝以词赋得幸。为文首尾温丽，但构思淹迟。其为《上林》《子虚》赋，控引天地，错综古今，忽然而睡，涣然而兴，几百日而后成。扬雄曰："庙廊之下，朝廷之上，高文典册，则用相如。"

○梁武帝手敕答张率曰："相如工而不敏，枚皋敏而不工，卿可谓兼二子于金马矣。"

祖莹称圣,潘岳诚奇。

南北朝祖莹,字元珍。八岁能通《诗》《书》,夜读藏火,恐为家人所觉,时号为"圣小儿"。及长,与陈郡袁翔齐名,时人语曰:"京师楚楚袁与祖,洛中翩翩祖与袁。"仕魏为秘书监。尝曰:"文章须自出机杼,成一家风骨,何得与人同生活也。"

○又张堪、任延、杜育、孙思邈俱称圣童。

晋潘岳,字安仁,中牟人。才名冠世,藻思如江濯锦绮而增绚。美姿容,少时挟琴弹出洛阳道,妇人皆投以果,满车而归,乡邑号为奇童。尝为河阳令,满县种桃李,人称河阳满县花。累官太常卿,封安昌侯。

○又李泌、严武,俱称神童。

紫芝眉宇,思曼风姿。

唐元德秀,字紫芝。天宝中,任鲁山令,天下重其行,称曰元鲁山。后隐居陆浑山中,不为墙垣扃钥。岁饥,日或不食,以琴酒自娱。房琯曰:"见紫芝眉宇,使人名利之心都尽。"苏元明亦曰:"不幸仆生于衰俗,所耻者,识元紫芝也。"及卒,家惟杖履箪瓢而已。

南北朝张绪,字思曼。风姿清雅,宋明帝朝为侍中令。齐武帝时,刘峻为益州刺史,献蜀柳枝条甚长,状如丝缕。武帝植之于太昌灵和殿前,尝玩之,叹曰:"此柳风流可爱,似张绪当年。"时绪吐纳风流,听者皆忘饥疲,见者肃然如在宗庙。

毓会窃饮，谌纪成糜。

季汉钟毓、钟会，钟繇子。小时值父昼寝，因共偷服药酒。其父已觉，姑托寐以观之。毓拜而后饮，会饮而不拜。既而，问毓何以拜？曰："酒以成礼，不敢不拜。"问会何以不拜？曰："偷本非礼，所以不拜。"

○又孔文举儿大者六岁，小者五岁，小者盗饮，大者问之，答与会同。

汉太邱长陈寔二子纪、谌，与父并著高名，时号三君。有客诣之，谈锋甚敏，二子时尚少，令炊饭。问何迟留？纪跪曰："君与客语，儿辈窃听，炊忘著箅，今皆成糜。"太邱曰："汝颇有所识否？"二子跪述，言无遗失。太邱曰："如此但糜自可，何必饭。"

○识，音志。著，读酌。

韩康卖药，周术茹芝。

汉韩伯休，名康，灞陵人。家世著姓，卖药长安市，口不二价，三十余年。时有女子买药，康守价不二。女子怒曰："公是韩伯休耶？乃不二价。"康叹曰："我本避名，今女子皆知，何用药为！"遂隐灞陵山中，连征不起。桓帝以玄𫄸安车聘，中道遁去。

汉周术，字元道，四皓之一，号甪里先生，一号灞上先生。今太湖洞庭山有甪里村，是其故居。尝作采芝歌云："莫莫高山，深谷逶迤。烨烨紫芝，可以疗饥。唐虞世远，吾将何归？驷马高盖，其忧甚大。富贵之畏人兮，莫如贫贱之肆志。"

○甪，音禄，俗作角。

刘公殿虎，庄子涂龟。

宋刘安世官台谏，欲直言，因白其母。母曰："谏官为天子诤臣，汝父欲为之而弗得。汝当捐身报主，勿以母老为虑。"安世因知无不言，言无不尽。至雷霆之怒，则执简却立，少霁复前，或至四五。观者皆汗踧踖听，目之曰"殿上虎"。尝曰："吾欲为元祐全人，见司马公于地下也。"世号元城先生。

《南华·秋水》篇：庄子钓于濮水，楚王使大夫二人往先焉，曰："愿以境内累矣。"庄子持竿不顾，曰："吾闻楚有神龟，死已三千岁矣，王巾笥而藏之庙堂之上。此龟者，宁其死为留骨而贵乎？宁其生而曳尾于涂中乎？"二大夫曰："宁生而曳尾于涂中。"庄子曰："往矣，吾将曳尾于涂中。"

○涂，通"途"。

唐举善相，扁鹊名医。

周蔡泽从唐举相，举笑曰："圣人不相，殆先生乎？"泽知戏己，乃曰："富贵吾所自有，所不知者寿耳。"举曰："今以往可四十三岁。"泽曰："持梁刺肥，怀黄金印，富贵四十三岁足矣。"后果为秦相。

周扁鹊，姓扁名缓，一云姓秦，名扁鹊，字越人。魏文侯问曰："子兄弟三人，孰最？"曰："长兄于病，视神未有形而除之，名不出于家；仲兄治病，其在毫毛，名不出闾；若扁鹊者，镵血脉，投毒药，敷肌肤间，而名出闻于诸侯。"

韩琦焚疏，贾岛祭诗。

宋韩琦年二十登进士第二，唱名终，太史奏日下五色云见。累官至宰相。为谏官三年，所存疏稿，欲敛而焚之，效古人谨密之义；但恐无以彰从谏之美，乃集七十余章，曰《谏垣存稿》，自序太略，谓谏主于理胜而以至诚将之。

○陈群、皇甫嵩、荀彧、羊祜、田锡、马周皆自焚谏章。

唐贾岛，字浪仙，范阳人。善诗。宣宗尝微行至法乾寺，闻钟楼上有吟声，取其诗卷览之。岛夺取其卷曰："郎君向会此耶？"宣宗去，赐御札，除长江主簿。后寓于渼，乞诗者无虚日。每岁除夕，检一年所作，祭以酒脯，曰："劳吾精神，以是补之。"

康侯训侄，良弼课儿。

宋胡安国，字康侯。弟之子寅，少桀黠难制。安国闭之空阁一半，上有杂木，寅尽刻为人物。安国乃置书千卷于上，年余，寅悉成诵，遂登进士，累迁起居郎。

宋余良弼勤于课子，尝为诗曰："白发无凭吾老矣，青春不再汝知乎？年将弱冠非童子，学不成名岂丈夫！幸有明窗兼净几，何劳凿壁与编蒲。功成欲自殊头角，记取韩公训阿符。"

○阿符，韩昶小字，愈子。

颜狂莫及，山器难知。

南北朝颜延之，文章冠世，与谢灵运齐名。宋文帝尝召，不见，但于酒店狂歌，了不应对。他日醉醒，乃见。帝问其诸子才能，对曰："竣得臣笔，测得臣文，㷡得臣义，曜得臣酒。"何尚之曰："谁得卿狂？"曰："其狂不可及。"性烈直，所言无忌讳，论者谓之颜彪。

〇竣，音铨。臭，音绰。

晋山涛器量不群，羊祜与武帝谋伐吴，涛曰："自非圣人，外宁必有内忧，释吴以为外惧，岂非算乎？"人服其远识。王戎目之曰："璞玉浑金，人皆钦其宝，莫能名其器。"

懒残煨芋，李泌烧梨。

唐高僧明瓒，号懒残，隐居衡山石窟中。尝作歌曰："世事悠悠，不如山丘。卧藤萝下，块石枕头。"德宗闻其名，召之。使者至其窟，宣言天子有诏，尊者幸起谢恩。瓒方拨牛粪火煨芋食之，寒涕垂膺，不答。使者笑之，劝其拭涕。瓒曰："我岂有工夫为俗人拭泪耶？"竟不能致，德宗钦叹之。

唐肃宗夜坐，三弟颍王等及李泌皆与。泌方绝粒，上自烧梨赐之。王等请联诗为他年故事。颍王曰："先生年几许，颜色似童儿。"信王曰："夜抱九仙骨，朝披一品衣。"汴王曰："不食千钟粟，唯餐两颗梨。"上曰："天生此间气，助我化无为。"

〇泌，小字顺。

干椹杨沛，焦饭陈遗。

季汉杨沛，除新郑长。课民蓄桑椹罂豆，积得千余斛。魏武为兖州刺史，西迎天子，所将千余人皆无粮。过新郑，沛乃进椹豆，操大喜，后令邺，赐生口十人、绢百匹以报之。

○䕞，音劳，野豆也。

晋陈遗，吴郡人。母好食铛底焦饭，遗作郡主薄，每煮食，辄贮之，归以奉母。后值孙恩乱，吴郡府君袁嵩即日起兵，遗复聚得数斗，遂带以从军。及战败，逃走山泽，众多饿死，遗独以焦饭活，人以为纯孝之报，后举孝廉。

文舒戒子，安石求师。

季汉王昶，字文舒。性谨厚，名其兄子曰默，曰沉；名其子曰浑，曰深，曰论，曰湛。为书戒子曰："吾以数者为名，欲使汝曹顾名思义，不敢违越也。夫物速成则疾亡，晚就则善终。能屈以为伸，让以为德，弱以为强，鲜不遂矣。人或毁己，当退而求之于身。谚曰：救寒莫于重裘，止谤莫于自修。斯言信矣。"司马懿荐其才德兼备。

宋王安石教元泽求馆师须博学善士。或曰："发蒙何必尔？"公曰："先入者为主。"见《晁氏客话》。

○元泽，安石子，王雱字。

○荀子："人无师法则隆情矣，有师法则隆性矣。"又周子云："师道立则善人多。"

防年未减，严武称奇。

汉景时，防年因继母陈杀其父，遂杀陈，廷尉以大逆谳。帝疑之。武帝年十二，侍侧，对曰："继母如母，缘父之故。今继母杀其父，下手之时，母道绝矣，是父仇也，不宜以大逆论。"帝从之。

〇汉又有防广为父报仇事。

唐严武，字季鹰，挺之子。母裴氏，不为挺之所容，独厚其妾玄英。时武八岁，袖铁锤就英寝，碎其首。左右惊白，托言小郎戏。武曰："安有大朝人士厚其侍妾，困辱儿之母乎？儿故杀之，非戏。"挺之奇之，曰："真严挺之儿。"天宝中为剑南节度使，最厚杜甫。甫尝登武床，睨之曰："严挺之乃有此儿。"

〇挺之名浚。

邓云艾艾，周曰期期。

季汉邓艾，字士载。少有大志，每见高山大泽，辄规度军营处所。仕魏，封邓侯。景元中，大举伐蜀，艾督军自阴平道以毡自裹，推转而下。蜀平，诏以艾为太尉。艾捷于应对，然口吃，语称"艾艾"。晋文帝戏之曰："卿云艾艾，定得几艾？"对曰："凤兮，凤兮，故是一凤。"

〇吃，音吉。

汉周昌强力敢言，高祖欲易太子，昌廷诤之。上问其说。昌为人口吃，盛怒曰："臣口不能言，然期期知其不可。陛下欲易太子，臣期期不奉诏。"上欣然而笑，太子始定。

〇宋刘贡父戏王汾口吃，赞曰："恐是昌家，又疑非类；未闻雄名，只有艾气。"

〇按扬雄、韩非皆口吃。

周师猿鹤，梁相鹇鸥。

《抱朴子》曰：周穆王南征，一军尽化，君子为猿为鹤，小人为虫为沙。

○鹄，一作鹤；虫，一作泥。

○葛洪著书名为《抱朴子》。又《左传》：郑翩愿为鹤，其御愿为鹅，此以阵言。

惠子相梁，庄子往见之。或谓惠子曰："庄子来，欲代子相。"于是惠子恐，搜于国中三日三夜。庄子往见之，曰："南方有鸟，其名鹓雏，子知之乎？夫鹓雏发于南海而飞于北海，非梧桐不止，非练实不食，非醴泉不饮。于是鸱得腐鼠，鹓雏过之，仰而视之曰：吓！今子欲以子之梁国而吓我耶？"

○吓，音罅。鹓，音渊。鸱，音笞。

临洮大汉，琼崖小儿。

始皇二十六年，有大人长五丈，足履六尺，皆夷服，凡十二，见于临洮。天戒若曰：勿大为夷狄之行，将受其祸。是岁始皇初并六国，反喜以为瑞，销天下兵器，铸为金人十二以象之，各重二十四万斤，立阿房殿前，名翁仲。后董卓销其十，符坚销其二。一云翁仲姓阮，长二丈三尺，始皇始拜临洮太守，威镇匈奴，后铸像。

宋太平兴国中，李守忠为承旨，奉使至琼州，遇扬避举，邀至其家。其诸父皆年一百二十余岁，其祖宋卿年一百九十五。次见梁上鸡窠中，一小儿出头下视。宋卿曰："此吾前代祖也，不语不食，不知其年，朔望取下，子孙列拜而已。"见钱易《洞征志》，并东坡诗。扬一作杨。

东阳巧对，汝锡奇诗。

明李东阳，号西崖，长沙人。举神童，入朝不能逾门限。帝曰："神童足短。"应曰："天子门高。"帝置诸膝，其父伏丹墀。帝曰："子坐父立，礼乎？"曰："嫂溺叔援，权也。"帝又出句曰："螃蟹浑身甲胄。"对曰："蜘蛛满腹经纶。"后入相。

宋陈汝锡，青田人。幼颖悟，或以其诗一联示黄庭坚，曰"闲愁莫浪遣，留为痛饮资"，黄击节称赏曰："我辈人也。"绍圣四年，由太学入进士第。邑之登第，自汝锡始。所著有《鹤溪集》。

启期三乐，藏用五知。

周荣启期，不知何许人。鹿裘带索，鼓琴而歌。孔子游泰山，见而问曰："先生何乐也？"曰："吾乐甚多：天生万物，人为贵，吾得为人，一乐也；男女之别，男尊女卑，吾得为男，二乐也；人生有不见日月、不免襁褓者，吾行年九十矣，三乐也；贫者士之常，死者人之终，居常以待终，何不乐也？"

〇乐，音洛。

宋李若拙，字藏用，西安人。奇伟尚气节，历两浙运使，因以浮沉许久，作《五知先生传》，谓知时、知难、知命、知退、知足也。

堕甑叔达，发瓮钟离。

汉孟敏，字叔达。性刚直有剖决。尝客居太原，荷甑堕地，不顾而去。郭泰见而问之，敏曰："甑已破矣，视之何益？"泰奇之，因劝令学，卒以成业，三公征辟并不屈。

○堕，音惰。甑，增去声。

汉钟离意为鲁相，出私钱万三千，付户曹孔䜣修孔子庙。有张伯除堂下草，得玉璧七枚，怀其一，以六枚白意。堂下有悬瓮，意召问䜣，答曰："夫子瓮也，背有丹书。"意发之，文曰："后世修吾书，广川董仲舒。护吾车，拭吾履，发吾笥，会稽钟离意。璧有七，张伯怀其一。"意即问伯，果服。

○䜣，音银。

一钱诛吏，半臂怜姬。

宋张咏知崇阳县，一吏自库中出，视其鬓，傍有一钱，诘之，库钱也。咏命杖之，吏勃然曰："一钱何足道，尔能杖我，不能斩我也。"咏援笔判云："一日一钱，千日千钱，绳锯木断，水滴石穿。"自杖剑下阶，斩其首，申府自劾。公自号乖崖，像赞云："乖则违俗，崖则绝物。乖崖之名，聊以表德。"

宋宋祁，字子京，多内宠。尝宴于锦江，微寒，令取半臂。诸姬各进一枚，凡十余枚皆至。子京视之茫然，恐有厚薄之嫌，竟不敢服，忍冻而归。

○房太尉家法：不着半臂名义。考古者有半臂，谓在手臂，如今搭护。

王胡索食，罗友乞祠。

晋王胡之，字修龄，尝在东山，甚贫乏。陶胡奴为乌程令，送米一船遗之，却不肯取，直答云："王修龄若饥，当就谢仁祖索食，不须陶胡奴米。"

　　○胡奴名范，士行子。仁祖，谢尚也。

　　晋罗友少好学，性嗜酒。当其所遇，不择士庶。又好伺人祠，往求余食；或早，遂隐门侧，至晓得食乃还。虽复营署墟肆，不以为羞。桓温尝责之云："君大不逮，须食何不就身求？"友傲然不屑，答曰："就公乞食，今乃可得，明日已复无。"温大笑，后表为襄阳太守，累迁广、益二州刺史。

召父杜母，雍友杨师。

　　汉召信臣，字翁卿，寿春人。为上蔡长，视民如子，后为南阳太守，为民兴利，教化大行，号"召父"。诏赐黄金四十斤，迁河南太守，官至九卿。

　　○杜诗，字君公。初为郡功曹，以公平称。光武知其才，拜成皋令，迁南阳太守。诛暴立威，爱民罢役，造作水排，铸为农器，百姓便之。以方信臣，号"杜母"。及卒，贫困无田宅，诏使治丧。

　　宋张浚试吏兴元间，问杨用中曰："公尝往来梁洋，其人士有从游者乎？"曰："杨仲远可以为师，雍退翁可以为友。"

　　○杨仲远，兴元人；雍冲，字退翁，洋州人。

　　○汉李元礼尝叹荀淑、钟皓曰："荀君清识难尚，钟君至德可师。"

直言解发，京兆画眉。

唐贾直言，代宗时代父饮鸩，立死复苏，与父俱流南海。行时与妻董氏诀曰："生死不可期，吾去汝亟嫁。"董不答，引绳束发，封以帛，曰："非君手不解。"直言居南海二十年乃还，置帛依然。

〇鸩，朕去声，毒鸟也。以其毛沥酒饮之，则杀人。

汉张敞，字子高。为京兆尹，赏罚分明，豪强屏迹。尝为妇画眉，有司奏闻，上问之，对曰："闺房之事，更有过于此者。"上不之责。后坐杨恽党，免官，京兆枹鼓数起，复拜为冀州刺史。

〇枹，音浮，击鼓捶也。

美姬工笛，老婢吹篪。

石崇有妓女绿珠，美而工笛，孙秀求之不得。其弟子宋祎，有国色，亦善笛。后在晋明帝宫，帝有疾，群臣进谏，请出宋祎。帝曰："卿诸人谁欲得者？"阮遥集时为吏部尚书，对曰："愿以赐臣。"即遣出与之。

〇祎，音衣。

河间王琛有婢朝云，善吹篪，能为团扇歌陇上声。琛为秦州刺史，诸羌外叛，屡讨之不下。琛令朝云假为贫妪，吹篪而乞，诸羌闻之流涕曰："何为弃坟井在山谷为寇也？"即降秦。民曰："快马健儿，不如老婢吹篪。"

〇琛又有绿鹦鹉能知歌，号绿朝云。

五微

敬叔受饷，吴祐遗衣。

南北朝何敬叔为长城令，在政清约，不通问遗。尝岁俭，夏节至，忽榜门受饷，数日共得米二千八百石，悉取以代贫民输租。嗣后问遗，仍复不通。

汉吴祐，字季英，陈留长垣人。举孝廉，迁胶东相。政尚仁简，吏怀而不敢欺。啬夫孙性，私赋民财，市衣进父。父怒曰："有君如是，何忍欺之。"性惧，自首伏罪。祐曰："掾以亲故，甘受污辱之名，所谓观过斯知仁矣。"使归谢父，仍以衣遗。

○首，有咎自陈也。

淳于窃笑，司马微讥。

周淳于髡，齐之赘婿。楚伐齐，威王使髡至赵请救，赍金百斤，车马十驷。髡仰天大笑，王曰："有说乎？"髡曰："今臣从东方来，见道旁有禳田者，操一豚蹄，酒一盂，祝曰：瓯窭满篝，污邪满车，五谷蕃熟，穰穰满家。臣见所持者狭而欲者奢，故笑之。"于是王乃益黄金千镒，白璧十双，车马百驷至赵，赵与之精兵十万，楚闻之夜遁。

唐卢藏用，字子谐。初隐终南、少室二山，时有意当世，人目为随驾隐士。武后征为左拾遗。睿宗召天台道士司马承祯，至是还山。卢指终南曰："此中大有佳处，何必天台？"承祯徐曰："以仆观之，乃仕宦之捷径耳。"藏用惭。

子房辟谷，公信采薇。

汉张良，字子房。尝语人曰："吾今以三寸舌为帝者师，封万户侯，此布衣之极，于良足矣。愿弃人间事，从赤松子游耳。"遂辟谷学道。

〇赤松子，神农时雨师。

伯夷叔齐，孤竹君墨胎氏之二子也。夷名允，字公信；齐名致，字公远。夷、齐其谥也。兄弟让国，弃孤竹而逃，就养西伯。及武王伐纣，叩马谏，不听，耻食周粟，遂隐于雷首之阳，相与采薇而食，寻饿而死。

〇按致，一作智。远，一作达。其仲子名凭，国人立之。又其父名初，字子朝，见韩婴《诗传》。

〇孤竹城，在今永平府南。

卜商闻过，伯玉知非。

子夏丧子，哭之失明，曾子吊之。子夏哭曰："天乎，予之无罪也。"曾子曰："商，汝何无罪也？吾与汝事夫子于洙泗之间，退而老于西河之上，使西河之民，疑汝忤夫子，尔罪一也。丧尔亲，使民未有闻也，尔罪二也。丧尔子，丧尔明，尔罪三也。"子夏投杖而拜曰："吾过矣！吾过矣！吾离群而索居，亦已久矣。"

卫大夫蘧瑗，字伯玉，《淮南子》称其行年五十而知四十九年之非。盖先者难为知，后者易为功也。

〇《庄子·则阳》篇："伯玉行年六十而六十化。"吴公子季札聘卫，与语悦之，曰："卫多君子，未有患也。"

○瑗，音愿。伯玉，蘧庄子无咎之子，谥曰成子，见《吕氏春秋》高诱注。

仕治远志，伯约当归。

晋谢安，初有东山之志，以屡征就桓温司马。时有饷桓公药草者，中有远志。公问谢："此物何以又名小草？"谢未即答。时郝隆在坐，应声曰："此甚易解。处则为远志，出则为小草。"桓公目谢而笑曰："郝参军此过乃不恶。"以其妙于讥谢也。

○隆，字仕治。一云佐治，高平人。

季汉姜维，字伯约。少孤，与母居，为人喜立功名，阴养死士，不修布衣之业。因诣诸葛亮，遂与母失，久之得母书，令求当归。维曰："良田百顷，不在一亩；但有远志，不在当归也。"盖忍于违亲者。

商安鹑服，章泣牛衣。

鹑服，贫者之服也。荀子曰："子夏之衣，悬结如鹑"

○晋董京在洛阳，隐居白社，以残絮缕帛为衣，号百结衣。

○又南北朝刘溉守建安，任昉以诗寄溉，求一衫。溉答曰："子衣本百结。"百结即鹑服也。

汉王章，字仲卿。尝贫病卧牛衣中。泣与其妻诀，妻正言曰："京师尊重，谁逾仲卿。今不自激昂，反涕泣，何鄙也。"后事成帝为京兆尹，虽为王凤所举，实不附。因日食，上封事过直，妻曰："人当知足，独不念牛衣中泣涕时耶？"章不听，果罹其害。

蔡陈善谑，王葛交讥。

宋蔡襄，字君谟。陈亚，字少卿。亚善诗，滑稽尤甚。尝与蔡君谟会于金山僧舍，酒酣，君谟戏题于屏间曰："陈亚有心终是恶，"亚即索笔对曰："蔡襄无口便成衰。"闻者绝倒。

〇又北齐徐之才戏王昕曰："有言则诓，近犬则狂。加足额为马，施角尾成羊。"又戏元明曰："在亡为虐，在丘为虚。生男则为虏，配马则为驴。"

晋诸葛令恢、王丞相导共争姓族先后。王曰："何不言葛王，而言王葛。"令恢曰："譬如言驴马，不言马驴，驴宁胜马耶？"

〇恢，字道明，琅琊阳郡人。少有令闻，避难江左，中宗召补主簿，累迁尚书令。

陶公运甓，孟母断机。

晋陶侃，字士行，为广州刺史。时在州无事，朝运百甓于斋外，暮运百甓于斋内。人问其故，曰："吾方致力中原，过尔优逸，恐不堪事，故自劳耳。"

〇《尔雅》：瓴甋谓之甓，即砖也。俗误作甓解。

孟母姓仉氏，孟子之母。夫死，挟子以居，三迁为教。及孟子稍长，就学而归。母方织，问曰："学何所至矣？"对曰："自若也。"母愤因以刀断机，曰："子之废学，犹吾之断斯机也。"孟子惧，旦夕勤学，遂成亚圣。

○仉，音掌。

六鱼

少帝坐膝，太子牵裾。

晋明帝名绍，元帝长子。数岁，坐元帝膝上，有人从长安来。帝问长安何如日远，答曰："日远，不闻人从日边来。"明日集群臣宴会，重问之，乃答曰："日近。"帝失色，曰："何故异昨日之言？"答曰："举头见日，不见长安。"

晋愍怀太子少聪慧，五岁时，宫中夜失火，武帝登楼观火，太子牵上衣裾使入暗中。上问故，对曰："暮夜仓卒，宜备非常，不宜亲近火光，令照见人主。"

○太子，武帝孙，名遹，后为贾后毒死，谥愍怀。

卫懿好鹤，鲁隐观鱼。

闵公二年，狄人灭卫。卫懿公好鹤，鹤有乘轩者。将战，国人受甲者皆曰："使鹤，鹤实有禄位，余焉能战？"战于荧泽，卫师败绩，遂灭卫，杀懿公。

○荧泽当在河北，据孔疏。苏轼曰："嗟夫！南面之君，虽清远闲放如鹤者，犹不得好，好之则亡其国。"

隐公五年，公将如棠观鱼者。臧僖伯谏曰："凡物不足以讲大事，其材不足以备器用，则君不举焉。君将纳民于轨物者也。"公曰："吾将略地焉。"遂往。陈鱼而观之，僖伯称疾不从。

〇如，往也。棠，地名。

蔡伦造纸，刘向校书。

汉蔡伦，字敬仲。和帝时，官常侍，封龙亭侯。尝因古书契多编以竹简，其用缣帛谓之为纸。伦乃用树皮、麻头、敝布、鱼网等物创造为纸，天下称"蔡侯纸"，今湖广衡州耒阳县蔡子池南春纸石臼尚存，或谓前汉皇后纪已有赫蹄纸，不始于伦。

汉刘向，字子政，本名更生。宣帝命于天禄阁校正《五经》同异。值元宵，诸人皆出游，惟向不出。有老人衣黄，叩阁而进，吹青藜，杖端焰照之，与说开辟前事，曰："我太乙之精，上帝闻卯金之子好学，特使下观焉。"

朱云折槛，禽息击车。

汉朱云，字游。成帝朝，为槐里令，请借尚方剑斩佞臣张禹。上怒，命斩之。云攀折殿槛，呼曰："臣得从龙逄、比干游地下，足矣。"上怒回，赦之，令勿治槛，以旌直臣。

〇云尝与五鹿充宗论《易》，恒辨折之，诸儒语曰："五鹿岳岳，朱云折其角。"由是以云为博士。

周禽息事秦，荐百里奚于穆公，公不纳。公出，息以头击车阑，脑乃精出，曰："臣生无补于国，不如死也。"公始感悟而用百里奚，秦以大化。

〇阑，音孽。

耿恭拜井，郑国穿渠。

汉耿恭，字伯宗。光武朝为戊己校尉，攻匈奴，引兵据疏勒城。匈奴拥绝涧水。恭穿井及十五丈，犹不得水，乃整衣冠向井再拜。顷之，水泉奔出，扬以示虏，虏以为神，围始解。

○戊己，戍所名。又霍去病讨匈奴，皋兰山下苦渴，以鞭卓地，而五泉涌出，浑邪王请降。

初，韩欲疲秦，使无东伐，乃使水工郑国为间于秦，凿泾水为渠。秦觉，欲杀之。国曰："秦为韩延数年之命，然渠成亦秦万世之利也。"乃使卒为之，溉田四万余顷，皆亩一钟。后汉武时，白公奏引泾水起谷口尾入栎阳，溉田四千五百顷，民赖其利而歌之，因名白公渠。

国华取印，添丁抹书。

宋曹彬，字国华。始生周岁日，父母以百玩罗其前，彬左手持干戈，右手执俎豆，斯须，复取一印，余无所视。人皆异之。后事宋太祖，平蜀，下江南，功称第一，封鲁国公。

唐卢仝，自号玉川子。举子名添丁，韩文公寄诗云："去岁生儿名添丁，意令与国充耘耔。"唐制：男子二十一岁差丁役事耕耘也。添丁幼时喜于涂抹诗书，往往令黑，故仝戏为诗曰："忽来案上翻墨汁，涂抹诗书如老鸦。"

○宋贾耘老之子亦名添丁。

细侯竹马，宗孟银鱼。

汉郭伋，字细侯。建武中，除颍川太守，帝劳之曰："贤良太守，去帝城不远，河润九里，冀京师皆蒙福也。"仅前在并州，素结恩德，后行部到西河，儿童数百，骑竹马，迎拜道次。征为大中大夫。

宋蒲宗孟，字传正。神宗朝为翰林学士。上曰："翰林职清地近，而官仪未宠，自今宜佩鱼。"学士佩鱼，自宗孟始。

管宁割席，和峤专车。

汉管宁，字幼安。少好学，与华歆同席肄业。有乘轩过门者，歆废书往观。宁遂割席分坐，曰："子非吾友也。"坐一木榻，积五十五年，未尝一箕踞，榻上当膝处皆穿，征命凡十至不起。

○箕踞，人傲坐形如箕也。

○歆，字子鱼。

晋和峤，字长舆。少立风格，雅有盛名，庾子嵩比之千丈之松，施之大厦，必称栋梁。晋制：监令同车。峤为中书令，鄙其监荀勖为人，以意气加之，遂专车而坐。

渭阳袁湛，宅相魏舒。

晋谢绚曾于公座戏调，无礼于其舅袁湛。湛甚不堪之，曰："汝父昔已轻舅，汝今复来加我，可谓世无渭阳情也。"绚父重，即王胡之外孙，与舅亦有不协之论。

○秦康公送晋公子重耳诗云："我送舅氏，曰至渭阳。"

晋魏舒，字阳元。少为外家宁氏所养。宁氏起宅，相宅者云："必出贤甥。"舒自负曰："当为外家成此宅相。"魏文帝深器重之，每朝退，目送之曰："魏舒堂堂，人之领袖也。"入晋，武帝拜为司徒。

永和拥卷，次道藏书。

南北朝李谧，字永和。少好学，惟以琴书为业。杜门却扫，绝迹下帷，弃产营书，手自删定。每叹曰："丈夫拥书万卷，何暇南面百城？"屡辞征辟，谧贞静处士。谧初师孔璠，数年后，璠还就谧请业。同门语曰："青成蓝，蓝谢青，士何常，在明经。"

晋宋次道家，书皆校雠三五遍，世之藏书，以次道家为善本。住在春明坊。士大夫喜读书，多僦居其侧，以便于借置故也。当时春明宅子，僦值比他处常高一倍。次道尝云："校书如扫尘，随扫随有。"

镇周赠帛，虑子驱车。

唐张镇周，舒州人。武德中，自寿春迁舒州都督。到州就故宅多市酒肴，召亲故酣饮十日，既而分赠金帛，泣与之别曰："今日犹得与故人欢饮，明日则舒州都督治百姓耳。官民礼隔，不复得为交游。"自是一无所纵，境内肃然。

〇舒州，即今安庆府。

周宓不齐，字子贱，为单父宰。过阳昼。昼曰："吾少也贱，不知治民之术，有钓道二焉，请以送子。夫扱纶错饵，迎而吸之者，阳桥也。其为鱼，薄而不美。若存若亡，若食若不食者鲂也。其为鱼也，博而味美。"子贱曰："善。"于是未至单父，冠盖而迎之者交接于道。子贱曰："车驱之！车驱之！阳昼之所谓阳桥者至矣。"及至单父，亲耆老，尊贤者，而与之共治。

廷尉罗雀，学士焚鱼。

汉翟方进，字子威，文帝时为廷尉，宾客填门。及罢，门外可设雀罗。后复用，宾客欲往。公大署其门曰："一死一生，乃知交情；一贫一富，乃见交态；一贵一贱，交情乃见。"

南北朝张褒，梁天监中，御史劾其不供学士职。褒曰："碧山不负吾。"乃焚鱼长啸而去。杜诗曰："碧山学士焚银鱼。"银鱼，御史所佩者。

冥鉴季达，预识卢储。

宋杨仲希，字季达。微时客成都某氏，主人少妇出而调之，仲希正色拒之。其妻夜梦一人告曰："汝夫独处他乡，不欺暗室，神明知之，当魁多士。"次年果擢第一。

唐卢储举进士，投卷谒尚书李翱，翱置文卷几案间。长女及笄，阅其卷，谓小青衣曰："此人必为状元。"翱乃招为婿。明年，果首唱。成婚之夕，储作催妆诗曰："昔年曾向玉京游，第一仙人许状头。今日已成秦晋约，早教鸾凤下妆楼。"

○女子年十五而笄。

宋均渡虎，李白乘驴。

汉宋均，字叔庠，为九江太守。郡多虎暴，募设槛阱，犹多伤害。均曰："今为民害，咎在残吏，其务退奸贪，进忠善，可一去槛阱。"其后，虎皆渡江东去。楚沛多蝗，其飞至九江界者，辄东西散去。明帝朝，拜尚书令。

　　唐李白尝乘驴过华阴，县令止之。白索笔供云："予生西蜀，身寄长安。天上碧桃，惯餐数颗；月中丹桂，曾折高枝。曾使龙巾拭唾，御手调羹；贵妃捧砚，力士脱靴。想知县莫尊于天子，料此地莫大于皇都，天子殿前尚容吾走马，华阴县里不许我骑驴。"令大惊，谢之。

　　○疑是伪作。

苍颉造字，虞卿著书。

　　苍颉，上古南乐吴村人，为轩辕皇帝史官。生而神圣，有四目，观鸟迹虫文，始制文字，以代结绳之政。字成，天雨粟，鬼夜哭。

　　○又周有程邈，秦人，改篆为隶，今楷书是也。汉灵帝时师宜官隶书为最，大则一字径丈，小则方寸尺许。今以八分书为隶，误矣。

　　周虞卿，游说士也。蹑屩担簦，说赵孝成王，一见赐黄金百镒，白璧一双。再见为赵上卿，故号虞卿。著书八篇，世号《虞氏春秋》。太史公曰：虞卿非穷愁不能著书以自见。

　　○簦，音登，有柄笠，今之伞相似。

班妃辞辇。冯诞同舆。

　　汉成帝游后庭，欲与班婕妤同辇。婕妤辞曰："观古图书，贤圣之君，皆有名臣在侧；三代末主，乃有嬖妾。今欲同辇，得无近似之乎？"帝乃止。

○妃，班彪之姑。

《后魏书》云：冯诞与高祖同岁，幼侍书学，特蒙优待，尚高祖妹乐安公主，升驸马都尉。高祖宠诞，同舆而载，同案而食，同席而坐卧。知遇之隆，罕有其比。

七虞

西山精卫，东海麻姑。

《山海经》云：炎帝之少女，游东海溺死，化为冤禽，名曰精卫。居发鸠之山，常衔西山之木石以填东海。

○少女名女娃。精卫，文首白喙赤足，其鸣自詨。

《神仙传》：王远，字方平，位为总镇真人。七日偶降吴人蔡经家，威仪如大将军，持玉壶十二，皆蜡封。遣人召麻姑至，会方平言："接待以来，东海三为桑田。"方平曰："海中行复扬尘也。"麻姑手似鸟爪，长数寸，蔡经心想可爬背痒，忽有鞭鞭经背。时陈县尉闻之，乞见。远曰："君心邪，未可教仙道。"与一符，曰："寿可一百二十岁。"

楚英信佛，秦政坑儒。

英，汉光武第六子，封楚王。明帝时，闻西域有神名佛，遣使至天竺求其道，得书及沙门来。于是中国始传其书，图其像。王公贵人，独楚王英最先好之。

○梵言沙门，华言勤息也。

秦始皇名政，恶诸儒心非巷议，以惑黔首，乃焚烧《诗》《书》百家语。诸儒犯禁者四百六十余人，乃密使人种瓜骊山硼谷中温处。瓜实冬成，诏下诸儒说之，人人各异。使往视瓜听，因发机坑之。

○黔，音钳，民首黑，故称黔首。

曹公多智，颜子非愚。

曹操与马超、韩遂等相持渭南。超等请和，操伪许之。操与遂父同举孝廉，又与遂同侪辈，屡交马会语，不及军事。秦胡观者前后重沓，曹笑曰："汝辈欲观曹公耶？亦犹人也，非有四目两口，但多智耳。"

颜回，字子渊，鲁人。小邾子夷甫颜之后也。天资明睿，甫成童，游孔门。孔子曰："回也不愚。"汉高时，从祀孔庙，唐赠兖国公，元赠复圣公，为四配之首。

○小邾，鲁国附庸。

○颜子重瞳，见梁刘勰《新论》。

伍员覆楚，勾践灭吴。

楚伍员，字子胥，奢子。奢谏平王以谗贼疏骨肉，遂同长子尚被害。员乃奔吴，说吴伐楚。平王已死，昭王出奔，员遂入郢，鞭平王尸三百。初，楚大夫申包胥以复楚自誓，至是哭秦庭者七日夜，勺水不入口。秦伯为之赋《无衣》，乃出师救楚，昭王复位。

吴王夫差入越，报槜李也。勾践败虏，用范蠡计，得行成返国。卧薪尝胆，生聚教训。元王三年戊辰，吴子出会诸侯于黄池，越起兵灭吴，一雪旧忿。

〇槜音醉，槜李在嘉兴。

君谟龙片，王肃酪奴。

茶之品莫贵于龙凤团，始于丁晋公谓，成于蔡君谟。蔡为福建运使，始造小片龙茶。凡二十余饼，重一斤，值金二两。然不易得，每因南郊致斋，中书、枢密院各赐一饼，四人分之，宫人往往镂金其上，其贵重如此。

南北朝王肃，初不食羊肉及酪浆，常食鲫鱼羹，渴饮茗汁。后与魏高祖会，乃食酪粥。高祖怪之，问曰："羊肉何如鱼羹？茗汁何如酪浆？"对曰："羊比齐鲁大邦，鱼比邾莒小国，惟茗不中，与酪作奴。"人因呼茗饮为酪奴。

〇酪，乳浆也。中，如字。

蔡衡辨凤，义府题乌。

汉辛缮隐华阴，光武征不至。有鸟高五尺，五色备而多青，栖缮槐树，旬日不去。太守以闻，咸以为凤。太史令蔡衡曰："凡象凤者有五：多赤者凤，多青者鸾，多黄者鹓雏，多紫者鸑鷟，多白者鸀鳿。今多青乃鸾，非凤也。"上善其言。

〇鸀鳿，音竣宜。

唐李义府始见太宗，试令题乌。义府曰："日里扬朝彩，琴中伴夜啼。上林多少树，不借一枝栖。"帝曰："当全树借汝，岂惟一枝！"遂拜御史。

〇义府阴柔而能害物，人号为"李猫"。

苏秦刺股，李勣焚须。

周苏秦，洛阳人。说秦不用，归洛阳，裘敝金尽，妻不下机，嫂不为炊，父母不子。乃发太公《阴符经》读之，欲睡，则以锥刺股。期年，揣摩成，合纵六国，相与图秦，遂为从长，佩六国印。

唐徐世勣，字懋功，太宗赐姓李，官仆射。其姊病，勣亲为煮粥，燃其须。姊曰："仆妾多矣，何必乃尔？"勣曰："岂为无人耶？今姊老勣亦老，欲数为姊煮粥，其可得乎？"

〇又勣尝暴病，医者曰：得须灰可以疗之，上剪须和药内以赐。

介诚狂直，端不糊涂。

宋石介，字守道，庆历中擢太子中允。时富、韩、范同为执政，欧阳修、余靖等并为谏官。介因作庆历圣德诗，有云："众贤之进，如茅斯拔；大奸之去，如距斯脱。"盖指夏竦也。其师孙明复见之曰："介祸始于此矣。"人皆目为狂直。

宋太宗不豫，宣政使王继恩辈忌太子英明，欲立楚王元佐。吕端为相，趣太子入。及帝崩，后遣恩召端。端绐恩，锁之书阁，亲掖真宗登极，揭廉神视，而后下拜。太宗尝称其小事糊涂，大事不糊涂，早见及此。

〇端，字易直，谥文惠。趣，音促。糊涂，一音鹘突。

关西孔子，江左夷吾。

汉杨震明经博学，从游者千人，人称关西孔子，以震籍华阴也。常有鹳雀衔三鳣鱼飞集讲堂下，弟子贺曰："鳣者，卿大夫之象也；其数三，三台也，先生升矣。"震后官至太尉。

〇又《北史》：裴献称薛道衡为关西孔子。

晋王导，字茂宏。善因事运机。时江左草创，温峤殊以为忧。及见导共谈，喜曰："江左自有管夷吾，吾复何虑哉！"又桓彝初至江左，与导极谈，因告周顗曰："向见管夷吾，无复忧矣。"

〇顗，音以。

赵抃携鹤，张翰思鲈。

宋赵抃，字阅道。弹劾不避权幸，京师号铁面御史。帅蜀，以一琴一鹤自随；其再任也，屏去琴鹤，止一苍头执事。后拜参知政事，与王安石不合，求知杭州，请老，加太子少保，卒谥清献。

〇按《吕氏家塾记》作一龟一鹤，苏轼《清献公神道碑》作一琴一龟。抃，音便。

晋张翰，字季鹰，吴人，俨之子。仕齐王冏为大司马东曹掾，见秋风起，因思吴中鲈脍莼羹，叹曰："人生贵适意耳，何能羁宦数千里以邀名爵乎？"遂命驾归。俄而冏败，人皆服其先见。又翰尝曰："使我有身后名，不如生前一杯酒。"

〇翰，宜读平声。与季鹰义近。

李佳国士，聂悯田夫。

汉聂季宝与李元礼同县，欲见元礼。宝乃小家子，不敢见。

杜周甫知宝贤，不能定名，以语元礼。呼见，坐置砌下牛衣上。一与言，即决曰："此人当作国士。"后卒如元礼言。

五代聂夷中，字垣之，河东人，咸通中进士。善诗，《伤田家》诗云："二月卖新丝，五月粜新谷。医得眼前疮，剜却心头肉。我愿君王心，化作光明烛。不照绮罗筵，遍照逃亡屋。"孙光宪谓其有三百篇之旨。

○粜，挑入声。

善讴王豹，直笔董狐。

讴，歌之别调也。王豹，卫人，出自单门，善讴，家淇水。河西近淇之地，人皆化而善讴，淳于髡亟称之，以诮孟子。

○《左传·哀公六年》："陈僖子囚王豹于句窦之丘。"此系景公嬖臣，非卫人。

鲁宣公二年，晋赵穿弑灵公于桃源。赵盾为正卿，亡不出境，反不讨贼。太史董狐直书"赵盾弑其君"，以示于朝。孔子曰："董狐，古之良史也，书法不隐；赵宣子，古之良大夫也，为法受恶。越境乃免。"

赵鼎倔强，朱穆专愚。

宋赵鼎，字元镇。南渡时凡使者至金，金人必问李纲、赵鼎安否。秦桧以其不附和议，徙鼎于吉阳军。鼎谢表有曰："白首何归，怅余生之无几；丹心未泯，誓九死以不移。"桧见之曰："此老倔强犹昔。"越三年，得疾，即自书墓中石，记乡里及除拜岁月，且书铭旌云："身骑箕尾归天上，气作山河壮本朝。"

遂不食，殁于吉阳。

汉朱穆，字公叔。锐意讲诵，不预人事。或时不自知，亡失衣冠，颠坠阬岸，其父尝以为专愚，几不知马之几足。

○穆年五岁，便有孝称。父母有病，辄不饮食，差乃复常。

○差与瘥同。

张侯化石，孟守还珠。

汉张颢为梁相，一日雨后，见一鸟如山雀，坠地化为圆石。颢捶破之，得金印曰"忠孝侯印"，因表闻，藏秘府。后议郎汝南樊夷上言，尧舜时旧有此官，今天降印，宜复置之。

○灵帝朝，颢官太尉。

汉孟尝，字伯周，顺帝朝为合浦太守。郡不产米谷而海出珠，前守贪婪，珠渐徙于交趾界。尝革前弊，去珠复还，商贾流通，百姓蒙利，称为神明。后被征，吏民攀留不得去，乃夜遁归。隐穷泽，身自耕佣。邻邑慕其德，就栖止者百余家。

毛遂脱颖，终军弃繻。

周毛遂，赵平原君门下客。时秦攻赵邯郸，赵使平原君求救于楚，君约门下食客有勇力文武具备者二十人与偕，得十九人，余无可取。毛遂乃自荐。君曰："贤士处世，譬如锥之处囊，其末立见。今先生三年于此，胜未有所闻也。"遂乃曰："臣今请处囊中耳，若早处其中，当脱颖而出，非特末见而已。"因与至楚，卒赖其力。

汉终军，字子云。初从济南步入关，关吏与繻。军曰："大丈夫西游，终不复传还。"弃繻去。后为谒者给事中，建节东出。
关吏曰："此前弃繻生也。"尝愿受长缨以羁南越王颈，致之阙
下。时军年少，世谓之终童。

　　○繻，帛边也，传还合以为信。繻，音胥。

佐卿化鹤，次仲为乌。

　　唐徐佐卿，蜀中道士。天宝中，玄宗猎沙苑，见孤鹤，射
之，带箭向西南逝。佐卿归山中，谓弟子曰："吾出游，为飞矢
所中。"乃挂箭于壁间，曰："候箭主至此，付还之。"后玄宗
幸蜀，游观中，识其箭，乃知前鹤佐卿所化也。

　　大酆、小酆，山名。秦羽士王次仲，少有异志。弱冠，变
苍颉旧文为今隶。始皇时，官务烦多，以次仲所易文简，便于事
要，奇而召之。三徵不至。始皇怒，令槛车传送次仲。首发于
迈，化为大乌，翻飞而去，落三酆于斯山。故其峰峦有大酆小酆
之名。

韦述杞梓，卢植楷模。

　　唐韦述，万年人。著作甚富，玄宗朝任史馆。禄山乱，抱
国史藏南山。弟五人：迪、逍、迥、巡、遁。述与遁对为学士，
与迪并为礼官，缙绅荣之。张说谓人曰："韦家兄弟，人之杞
梓。"

　　○又罗君章，荆楚之杞梓。

　　汉卢植，字子幹，刚毅有大节。师马融，融左右多列美姬。
植侍讲数年，未尝一盼，融甚敬之。董卓议废立，众唯唯，植独

抗论。曹操尝曰："植名著海内，学为儒宗，士之楷模，国之桢干。"昭烈微时，尝执经门下。

士衡黄耳，子寿飞奴。

晋陆机，字士衡。家有骏犬，名曰黄耳，甚爱之。久羁京师，乃戏语黄耳曰："吴中久绝家音，汝能往取消息否？"犬摇尾作声。机以书贮竹筒，系颈。犬去一月而返。机视之，乃家书也。其后因以为常。及犬死，葬之，名黄耳冢。

〇又魏时，鲜卑献千里马，色白耳黄，亦名黄耳。

唐张九龄，字子寿，擢进士，又以道侔伊吕科高第，为中书舍人，时号为文坛元帅。后为李林甫所挤，罢相。玄宗每拜相，辄犹问："风度得如九龄否？"少时喜养鸽，与亲知书，则系足依教往投之，谓之飞奴。

直笔吴兢，公议袁枢。

唐吴兢，汴州浚仪人。尝与刘子玄撰《武后实录》，叙张昌宗诱张说诬执魏元忠事。及说为相，问兢曰："刘生书魏公事不少假借，奈何？"兢曰："子玄已亡，不可受冤地下，兢实书之。"说屡以情恳，辞曰："徇公则何名实录！"卒不改，世称董狐云。

宋袁枢，字机仲，建安人。乾道间，分修国史。章子厚家乃同里，力求润饰其传。枢曰："吾为史官，法难隐恶，宁负乡人，不可负天下后世公议。"时相赵雄叹曰："无愧古良史矣。"枢有《纲鉴纪事本末》行世。

陈胜辍锸，介子弃觚。

秦陈胜，字涉，阳城人。尝与人佣耕，辍锸于陇上，曰："苟富贵，无相忘。"佣者曰："若为耕佣，何富贵也？"胜叹曰："燕雀安知鸿鹄之志哉！"遂举兵称扶苏、项燕，自立为将军。寻立为王。诸郡县争杀长吏以应。

汉傅介子，字武仲，茂陵人。年十四，好读书，尝弃觚而叹曰："大丈夫当立功异域，何能坐屋子下作老儒生！"后以从军得官。先是，龟兹、楼兰尝杀汉使者。昭帝时，介子以使大宛。至其国，斩楼兰王首，还诣阙下，以功封义阳侯。

○觚，木简也。龟，音丘。

谢名蝴蝶，郑号鹧鸪。

宋谢逸，字无逸，临川人。屡举进士不第，以诗文自娱，学者称溪堂先生。有句云："贪夫蚁旋磨，冷官鱼上竿。"又云："山寒石发瘦，水落溪毛凋。"大为黄鲁直称赏。又尝作蝴蝶诗三百首，多佳句，人因呼"谢蝴蝶。"

唐郑谷，字守愚，咸通十哲中人。七岁能诗，司空图奇之，拊其背曰："当为一代风骚主。"曾改齐己《早梅》诗"数枝"为"一枝"。己遂不觉下拜，以为一字师。又《鹧鸪》诗极佳，人多脍炙之，称为郑"鹧鸪"。

○齐己，衡岳沙门，有《白莲集》。

戴和书简，郑侠呈图。

汉戴和每得密友，焚香告于先祖，则书于简编，名为《金兰簿》。上书越人结交盟曰："卿乘车，我戴笠，他日相逢下车揖；君担簦，我跨马，他日相逢为君下。"

〇一作唐戴宏正。

宋郑侠，字介夫。初从王安石学，举进士，监东京安上门。时亢旱，侠以本门所见流民扶老携幼、饥寒困苦之状，呼画工刻为图，上之，且曰："陛下观臣之图，行臣之言，十日不雨，斩臣宣德门外，以正欺君之罪。"神宗览之，下诏责躬，罢方田等诸新法凡十八事，越三日大雨。

瑕邱卖药，邺令投巫。

唐瑕邱，仲宁人。卖药百余年，因地动卒。或取仲尸弃水中，收其药。仲披裘造之取药。其人惧，叩头求哀。仲曰："不恨汝也。"后为夫余王驿使，自北乘马至，宁人呼谪仙。

〇夫余，北夷，与赵、代邻。

周西门豹仕魏为邺令，开十二渠，引漳水灌田，民赖其利。邺俗素信巫，岁为河伯娶妇，选良民处女投河中。豹曰："今岁幸来告吾，吾亦往送之。"至期，豹视其女曰："丑，烦大巫入报。"即投巫于河中，继又取二人投之，群巫皆惊惧乞命。从此遂止。

冰山右相，铜臭司徒。

唐玄宗以贵妃从兄杨钊为右相，赐名国忠。其为人强辩而轻躁，公卿以下，颐指气使。或劝进士张彖谒之。彖曰："君辈以杨右相为泰山，吾以为冰山耳。若皎日既出，君辈得无失所恃乎？"遂隐居嵩山。

○又张九龄鄙朝士之附国忠者为向火乞儿。

汉崔烈，崔寔之从兄，有重名于北州，历位郡守、九卿。灵帝时，开鸿都门榜卖官爵。烈时因傅母入钱五百万，得为司徒。烈问其子钧曰："吾居三公，外议何如？"钧曰："议者嫌大人铜臭。"烈怒，举杖击之。钧时为虎贲中郎将，服武弁，戴鹖尾，狼狈而走。

武陵渔父，闽越樵夫。

晋黄道真，武陵人。大康中，捕鱼缘溪行，忽逢桃花夹岸，异之，舍舟步入石洞。行数十步，豁然明旷，桑竹鸡犬，依然人间。问所从来，自言先世避秦乱，率妻子邑人来此，不知有汉。渔人留数日辞去，舟已腐，步回。归家言于郡守刘歆。歆欲偕往。迷不复得路。陶渊明为之记。

榴花洞在闽县之东山。唐永泰中，樵者蓝超遇白鹿，逐之。渡水，入石门。始极窄，忽豁然，见鸡犬人家。有主翁告曰："吾避秦人也，留卿可乎？"超答欲与亲旧诀，乃来。因与榴花一枝而出，恍若梦中。后竟不知所在。宋蔡襄有记。

渔人鹬蚌，田父羸卢。

赵且伐燕，苏代为燕说赵王曰："今者过易水，见川蚌出曝而鹬啄其肉，蚌合而箝其啄。鹬曰：今日不雨，明日不雨，必有死蚌。蚌曰：今日不出，明日不出，必有死鹬。两者不舍，渔人见而两得之。今燕赵久相支以敝大众，臣恐强秦之为渔父也。"惠王乃止。

齐欲伐魏，淳于髡谓齐王曰："韩子卢者，天下之疾犬也；东郭逡者，海内之狡兔也。韩子卢逐东国逡环山者三，腾山者五，兔极于前，犬废于后，田父见之无劳倦之苦，而擅其功。今齐魏久相持以苦其兵，敝其众，臣恐强秦大楚收田父之功也。"齐王乃谢将休士。逡，平声，一音俊。

郑家诗婢，郗氏文奴。

汉郑玄家奴婢皆读书。尝使一婢，不称旨，将挞之，方自陈说。玄怒，使人曳着泥中。须臾，复有一婢来，问曰："胡为乎泥中？"答曰："薄言往诉，逢彼之怒。"

〇陆游诗：婢知书似郑康成。

晋郗愔，字方回。有苍头善知文章。王羲之爱之，每称奴于刘惔。惔问何如方回，羲之曰："小人有意向耳，何遽比郗公！"惔曰："不如方回，故常奴耳。"

〇郗，汉世名奴为苍头，见《鲍宣传》注。

卷之二

八齐

子晋牧豕，仙翁祝鸡。

汉商丘子晋好吹竽，牧豕，年七十不娶，不老，食菖蒲根，饮水而已。贵戚闻而服之，不能终岁，辄止。孙绰赞曰："商丘卓荦，执策吹竽。渴饮寒泉，饥食菖蒲。所牧何物？殆非真猪。倘遇风云，为我龙摅。"

○荦，音落，超绝也。

晋祝鸡翁，洛阳人。常养鸡千余头，皆有名字。朝放暮收，呼其名，即别种而栖。今世人呼鸡曰"祝祝"，始此。唐李德裕贬雷州司户，遗段成式书曰："海滨居人多养鸡，往往飞入寓舍，今乃作祝鸡翁矣。"本此。

○祝祝，一作朱朱。

武王归马，裴度还犀。

周王发，姓姬，谥武，文王次子也。因商纣无道，奉太公望为师，率师渡盟津，灭商。反于丰，偃武修文，归马华山之阳，放牛桃林之野，示天下以不复再用。盟、孟同。

唐裴度，字中立。相者云，当饿死。一日游香山寺，值妇人以其父被罪，假得犀带往赂要津，置于栏楯。祈祷毕，遂忘持去。度检得，访而还之。前相者复见度，喜曰："子有阴德及物，前程万里，非所知也。"后果大贵。

○《尚友录》：一作裴质事。

重耳霸晋，小白兴齐。

晋文公，姬姓，名重耳，唐叔虞之后，献公之子。犬戎狐姬所生也，居蒲城。骊姬之乱，出亡十九年，其从者有狐偃、赵衰、颠颉、魏武子、司空季予诸人。后得反国，定襄王叔带之难，出谷戍，释宋围，一战而霸。

齐桓公，姓姜氏，名小白，厘公子也。厘公卒，太子诸儿立，是为齐襄公。襄公无道，群弟惧祸及，子纠奔鲁，小白奔莒。无知弑襄公，小白与子纠争国，得先入。鲍叔牙荐管仲为相，尊周攘夷，大兴齐国，遂为五霸之长。

○厘、禧同。

景公禳彗，晏俨占奎。

齐景公二十二年，彗星见。公坐柏寝，叹曰："堂堂！谁有此乎？"群臣皆泣。晏子笑其谀。公曰："彗当齐分，寡人以为忧。"晏子曰："君高台深池，赋敛如弗得，刑罚恐弗胜，茀星将出，彗何惧乎？"公使禳之。晏子曰："无益也，只取诬耳。天之有彗，所以除秽也；君无秽德，又何禳焉。"

○茀，音佩。彗，音遂。禳，壤平声。

宋窦俨，字望之。为翰林学士，善推步。与卢多逊、杨徽之同在谏垣，谓二公曰："岁在丁卯，五星当聚于奎。奎主文明，又在鲁分，自此天下始太平，二拾遗必见之，老夫不预。"乾德丁卯，五星果聚于奎。

卓敬冯虎，西巴释麑。

明卓敬，字惟恭，浙江瑞安人。年十五，读书宝香山。风雨夜归，迷失道，得一物，谓是牛，冯归之；比入门，纵之，乃虎也。洪武二十一年，擢进士，除给事中，改名士寻，又改名士源，后死建文之难。越四十年，侍讲刘球始传其事，私谥忠贞。

○冯，据也，古凭字。

周秦西巴事孟孙，孟孙猎得麑，使西巴载之。持归，其母随之不去，西巴弗忍而与之。孟孙大怒，逐之。居三月，复召以为子傅，曰："夫子不忍于麑，又且忍吾子乎！"

○麑，鹿子，色白，亦作麛。

信陵捕鹞，祖逖闻鸡。

周魏公子无忌，号信陵君。方食，有惊鸠投入案下，一鹞在屋。公子纵鸠去，鹞逐杀之。公子暮为不食，曰："鸠避祸归吾，吾负之。"乃捕鹞得三百余，公子按剑曰："谁获罪？"一鹞低首伏罪，乃取杀之，尽纵其余。由是慈声满天下，而士归焉。

晋祖逖，字士雅，慷慨有志节。少每共刘琨寝，语及世事，则中宵起坐，相谓曰："若四海鼎沸，豪杰共起，吾与足下相避中原矣。"后俱为司州主簿，复共寝。中夜闻鸡鸣，逖蹴琨觉曰："此非恶声也。"因并起舞。元帝时为豫州刺史，渡江击楫，誓曰："不清中原而复济者，有如此江！"遂部兵与石勒相持，由是黄河以南，悉为晋土。

赵苞弃母，吴起杀妻。

后汉赵苞为辽西太守，迎养其母。道经柳城，值鲜卑入寇，劫质其母。苞悲谓其母曰："欲以微禄奉养，恨为王臣，义不得顾私恩。"母答曰："人各有命，何得相顾，以亏忠义！"苞遂进战破贼，母因遇害。苞寻呕血死。

周吴起，魏人，仕鲁。齐伐鲁，鲁欲拜起为将。起妻齐女，鲁疑不果。起遂杀妻示信，求为之将。吕东莱曰："贪财货与贪功名，其贪则一。起之杀妻求将，毕竟是贪心所使。"

〇起尝学于曾子，仕魏，与武侯浮西河而下。武侯叹山河之盛，起进曰："在德不在险。"

陈平多辙，李广成蹊。

汉陈平，阳武户牖乡人。家贫，居负郭穷巷，以敝席为门。里有富人张负女孙，五嫁而夫辄死，平欲娶之。负曰："平虽贫，门外多长者车辙。"卒与女，诫曰："无以贫故，事人不谨。"平自是富饶。后事高祖，凡六出奇计：一、请捐金行反间。二、以恶草具进楚使。三、出女子解荥阳围。四、蹑足封齐王信。五、请伪游云梦。六、解白登围。

李广，汉人。武帝尝谓其口不能出词，恂恂如鄙人，天下仰之，正谚所云"桃李不言，下自成蹊"者也。此语虽小，可以喻大。

○唐李义进为吏部侍郎，请谒不行，时人语曰："李下无蹊径。"

烈裔刻虎，温峤燃犀。

秦始皇二年，有画工名烈裔，刻两白玉虎，其毛如生，不点目睛。始皇使余工夜往点之，及旦，虎飞去。明年，南郡献白虎二只，视之，乃玉虎也。命去目睛，乃不能复去。

○详《拾遗记》。

晋温峤，字太真，山西祁人。初都督江州军事，过牛渚，深不可测。世传下多怪，峤燃犀照之，奇形怪状，有赤衣乘马者。须臾，水族覆灭，夜梦告曰："幽明自别，何故相犯？"

○牛渚在今太平府城北，今名燃犀渚。

梁公驯雀，茅容割鸡。

唐狄仁杰，字怀英，以功封梁国公。始居母丧，有白雀驯扰之祥。

○又张九龄居母丧，有紫芝产坐侧，白鸠白雀巢于家树。

○宋吴在木知余干县，有白雀青鹿之瑞，民歌曰："吴在木，政严肃。鸟有白翎雀，兽有青毛鹿。"

汉茅容，字季伟。年四十余，耕于野，避雨树下。众皆夷踞，容独危坐愈恭，郭林宗见而异之，因留宿。旦日，容割鸡为馔，林宗以为奉己。既而容以供母，余半庋置，自以草蔬与客饭。林宗曰："卿贤矣哉，真吾友也。"因劝其就学。

九佳

禹钧五桂，王祐三槐。

五代窦禹钧，渔阳人。官谏议，广行阴德，置义塾，延名儒，给衣食以教四方游学之士。子五人：仪、俨、偁、侃、僖相继登高第。冯道赠诗曰："燕山窦十郎，教子有义方。灵椿一株老，丹桂五枝芳。"一称"窦氏五龙。"

宋王祐使魏州，太祖许以王溥官职。及回，以百口明符彦直冤，反得贬。亲朋戏曰："意公作王溥官职。"祐笑曰："祐虽不及做，吾二郎当得之。"谓旦也。因手植三槐于庭曰："吾子孙必有为三公者。"后旦果相真宗，因构"三槐堂"，东坡为作《三槐堂铭》。

○王溥，宋初位司空。

同心向秀，肖貌伯偕。

晋向秀，字子期。少为同郡山涛所知，又与谯国嵇康、东平吕安友善，其进止无不同，而造事营生业亦不异。尝与康锻于洛邑，与安灌园于山阳，志同道合，当世所少。故颜延之《五君咏》云："交吕既鸿轩，攀嵇亦凤翥。"

唐张伯偕与弟仲偕，形貌相似。仲偕娶妻，新妆毕，见伯偕曰："妆好否？"伯偕答曰："我伯偕也。"趋避之。须臾又见，告曰："向大误，认伯为卿。"伯偕曰："我仍伯偕也。"

妇大惭,遂不出户。后兄弟二人各以衣别之。

○宋李易安《贺人孪生子启》:"无午未二时之分,有伯仲两偕之秀。既系臂而系足,实难弟而难兄。"

袁闳土室,羊侃水斋。

汉袁闳,父贺为彭城相,卒,闳往迎丧,不受赙赗,缞绖扶柩,手足流血,见者莫不伤悼。陈蕃荐其可登三事,桓帝以安车征之。及朋党事作,闳乃筑土室,潜身十八年,绝不见客,旦暮于室中向母礼拜。虽子往,亦不得见,子亦向户拜而去。

南北朝羊侃,少瑰玮,膂力绝人。尝于兖州尧庙踏壁直上五寻,横行得七迹。雅好文史,尝即席应诏赋诗。性豪侈,善音律,初赴衡州,于两艅艒起三间通梁水斋,饰以锦绣,设帷屏,列女乐。乘潮解缆,临波置酒,缘塘傍水,观者填咽。

○艅艒,舟也。

敬之说好,郭讷言佳。

唐项斯,字子迁。擢进士,授丹徒尉。为人清奇雅正,尤工于诗。杨敬之赠以诗云:"几度见君诗尽好,及观标格胜于诗。平生不解藏人善,到处逢人说项斯。"斯由此名益著。

晋郭讷,字敬言,官至太子洗马。讷尝入洛,听伎人歌,言佳。石季伦问其曲,郭曰不知。季伦笑曰:"卿不识曲,那得言佳。"讷答曰:"譬如见西施,何必识姓名然后知美。"

陈瓘责己，阮籍咏怀。

宋陈瓘为礼部，与范淳甫同舍。淳甫曰："颜子不迁不贰，惟伯淳有之。"瓘曰："谁也？"淳甫默然久之，曰："不知有程伯淳耶？"瓘愧，因作责沈文，谓叶公沈诸梁，当世贤者，鲁有仲尼而不知，宜子路之不对也。以责己之不知伯淳。

〇淳甫，范祖禹也。

晋阮籍，容貌瑰杰，志气宏放，蒋济辟为掾，后谢病去。为尚书郎，迁步兵校尉。属文，初不苦思，率尔便成。晋文帝时，常虑祸患，故作《咏怀》诗八十余篇，昭明入选者十七篇，大约非作于一时，各因情景物候耳。严沧浪诗法分为正始体。

十灰

初平起石，左慈掷杯。

晋皇初平，一号赤松子，兰溪人。少牧羊，遇道士，引入金华山石室中四十余年。兄初起寻获之，问羊安在。平曰："山以东。"往视之，皆白石。平叱羊来，石皆起，成羊数万头。初起遂就平学道。

〇叱，开口貌。皇，一作黄。

季汉左慈，字元放，庐江人。有仙术。曹操召之，闭于一室，断食期年，颜色如故。操欲学之，慈曰："学道当清静无为。"因欲杀之。设酒，慈以簪画杯中酒断，饮其左，以半与操，以杯掷屋栋，似鸟飞之状。一坐属目，因失其所在。

名高麟阁，功显云台。

汉宣帝朝，上以戎狄宾服，思股肱之美，乃图画其人于麒麟阁。状其形貌，署其官爵姓名。惟霍光不名，曰"大司马大将军博陆侯姓霍氏"。其次张安世、韩增、赵充国、魏相、丙吉、杜延年、刘德、梁丘贺、萧望之、苏武，凡十一人，皆以功德知名当世。

○阁在未央宫内。

汉明帝朝，上思中兴功臣，乃图画二十八将于南宫云台。以邓禹为首，次马成、吴汉、王梁、贾复、陈俊、耿弇、杜茂、寇恂、傅俊、岑彭、坚镡、冯异、王霸、朱祐、任光、祭遵、李忠、景丹、万修、盖延、邳彤、姚期、刘植、耿纯、臧宫、马武、刘隆，又益以王常、李通、窦融、卓茂，合三十一人。马援以椒房之戚，独不与。

○台在洛阳。

朱熹正学，苏轼奇才。

宋朱熹，字元晦，一字仲晦，婺源人。韦斋先生子也。初从刘子羽居崇安，后从延平李侗学，复遍交当世，著述六经，得洙泗正学之传。故记称绝学以来，集诸儒之大成，发先圣之要秘，熹一人而已。

○韦斋，名松。

宋苏轼，字子瞻，眉山人。父洵，弟辙，世称三苏。嘉祐中为翰林学士。召对便殿。宣仁太后曰："先帝每诵卿文章，必叹曰奇才！奇才！但未及进用，今是以得此官。"轼感泣失声，后与哲宗亦泣。已而命坐赐茶，撤御前金莲烛送归院。

○金莲烛送归院事，始于唐令狐绹，至宋乃有六人，东坡其一也。

渊明赏菊，和靖观梅。

晋陶元亮，本名渊明，入刘宋改名潜。隐居栗里，种菊东篱。九日无酒，摘菊盈把，坐而怅望久之。见白衣人至，乃太守王弘遣之送酒，即欣然命酌，醉酩而归。

宋林逋，字君复。居西湖二十年，不履城市。构宅孤山，宅四面皆种梅，镇日观之不倦。其《咏梅》诗如"疏影横斜水清浅，暗香浮动月黄昏"，尤脍炙人口。家蓄二鹤。每泛舟湖中，客至，童子纵鹤使翔，逋即棹舟还晤客。卒谥和靖。

鸡黍张范，胶漆陈雷。

汉张劭，字元伯。与范式为友，同游太学。告归，式约二年当过拜尊亲，乃共刻期。至期，劭白母具鸡黍待之。母曰："二年之别，千里结言，何期之审耶？"对曰："巨卿信士，必不乖违。"至其日，式果至，升堂拜母，尽欢而别。后劭死，见梦于式。式奔赴。丧已发，柩不肯前。须臾，式白马素车，号泣而来。执绋，遂前。世称死友。

汉雷义，字仲公，鄱阳人。与陈重为友。顺帝朝，举茂才，让与重，刺史不听，义遂不应命。后同举孝廉，同拜尚书郎。时人语曰："胶漆自谓坚，不如陈与雷。"义尝济人死罪，人谢以金，不受。人候其不见，投之承尘。后葺屋得之，金主已死，归之县司。

○承尘，即今之顶板。

耿弇北道，僧孺西台。

汉光武兵至邯郸，耿弇进谒，与俱北至蓟。官属皆曰："死当南首，奈何北行入囊中？"光武指弇曰："此我北道主人也。"后平齐，帝曰："将军前在南阳，建此大策，常以为难，今乃知有志者事竟成。"

○弇，字伯昭。弇，音甘。

唐牛僧孺，字思黯。初为伊阙县尉。旧传县有人入台，县前水中先有滩出，石砾金沙。一日滩出，老吏曰："此必分司御史，若是西台，当有一双鸂鶒。"牛祝曰："既能有滩，何惜鸂鶒。"言讫，一双飞下。旬日，牛拜西台，官同同平章事，封奇章郡公。

○鸂鶒，音溪尺，五色水鸟。

建封受赆，孝基还财。

唐张建封，字本立。未遇时，尚书裴宽罢郡西归汴，日晚维舟，见一人坐树下，衣服极敝。宽屈与之语，大奇之，曰："以君才识，岂长贫贱！"举船钱帛奴婢，悉以赆之，建封不让。登舟，奴婢偃蹇者，辄鞭之。裴公亦奇之，既而问其人，乃建封也。德宗朝，镇徐州十年，所辟僚佐，若韩愈、李藩皆名士。

宋张孝基娶同里富人女，富人只一子，不肖，斥逐之。富人病且死，悉以家财付孝基。后其子为丐。孝基恻然问曰："汝能灌园乎？"曰："能。"因使灌园，颇自力。复问曰；"能管库乎？"曰："能。"更觉淳谨。孝基遂以其父财悉归之。孝基卒，有友游嵩山，忽遇孝基坐专车，仪从如守土大臣，告友曰："吾以还财之故，上帝命主此山。"言讫不见。

准题华岳，绰赋天台。

宋寇准，华州人。八岁时吟华山诗云："只有天在上，更无山与齐。"其师谓其父曰："贤郎怎得不作宰相！"又秋风亭诗云："野水无人渡，孤舟尽日横。"时人以为必济巨川，后果如言，封莱国公。

晋孙绰，字兴公。博学能文。为永嘉太守，欲解印以向幽寂，闻天台神秀，可以长住，因使图其状，遥为之赋。赋成，示友人范荣期，曰："卿试掷地，当作金石声。"刘义庆曰："赤城霞起而建标，瀑布飞流以界道，此赋之佳处。"

穆生决去，贾郁重来。

汉穆生少时，与楚元王及白生、申公受诗于浮丘伯。后元王王楚，以生等为中大夫，敬礼之。生不嗜酒，每置酒，常为设醴。及王戊嗣位，亦常设。后乃忘设。生曰："可以逝矣，醴酒不设，王意怠矣！"遂决意去。

〇醴，音李，甘也。

五代时，贾郁为仙游簿，秩满为令，邑人饷新果。郁曰："古人畏四知，今倍于昔，可不畏乎！"不受。及代去，一吏醉，郁怒曰："吾再来必惩之。"吏曰："公若再来，犹铁船渡海。"后果再任。醉吏盗库钱，狱具，批曰："窃铜镪以润家，非因鼓铸；造铁船而过海，不假炉锤。"

台乌成兆，屏雀为媒。

汉朱博为御史大夫，府列柏树，有乌数千栖其上，故后称御史台为乌台，或称乌府。东坡诗"乌府先生铁作肝，霜风卷地不知寒"是也。

〇唐柳仲郢为谏议大夫，每迁官，必乌集升平第，庭术荣载皆满，五日而散。

南北朝窦毅，字天武。为周上柱国。有女方数岁，读《列女传》，一过不忘。闻隋祖受周禅，自投床下曰："恨我非男子，不能救舅家难。"毅奇其言，不妄与人。画二孔雀于屏间，求婚者射二矢，阴约中目。李渊最后射发二矢，各中一目，遂以归之。渊为唐祖，窦氏为后。

平仲无术，安道多才。

宋寇准，字平仲。与张咏善。准入相，咏时知陈州，谓僚属曰："寇公奇才，惜学术不足耳。"及准知陕，咏过之，准严供帐以待咏。临别问咏曰："何以教准？"咏曰："《霍光传》不可不读。"准归取读之，至"不学无术"，笑曰："张公谓我矣。"

宋张方平，字安道。少颖悟绝伦，凡书过眼不再读。尝因家贫无书，借人三史，旬日还之，曰："已知其详矣。"生平属文，未尝起草。宋绶、蔡齐以为天下奇才，荐之。仁、英、神三朝，始终一节，时论高之。

杨亿鹤蜕，窦武蛇胎。

宋杨亿，母韦氏，始生亿，梦羽衣人自言武夷君托化。既诞，则一鹤雏，尽室惊骇，弃之江。其叔父曰："吾闻间世之人，其生必异。"追至江滨，开视则鹤蜕为婴儿矣，体有紫氄尺余，经月乃落。

○又窦志公生木巢中，有东阳朱氏闻儿啼，收育之，遂冒朱姓。

○亿，音益。蜕，音退。

汉窦武，字游平。初生有一蛇同产，送之林中。后母卒，及葬，有大蛇自林出，以首触枢，涕血皆流，若哀泣之容，有顷而去，人以为祥。

○武封大将军槐里侯，时人语曰："天下忠诚窦游平。"

湘妃泣竹，鉏麑触槐。

尧以二女娥皇、女英妻舜。舜南巡，崩于苍梧。二妃从之，死于江湘之间，为湘水神，故世称湘妃。初，二妃至洞庭之山，泣恸挥泪，染竹成斑，故今有斑竹，又号湘妃竹。

○详《博物志》。

鉏麑，晋之力士。灵公使刺赵宣子。晨往，寝门辟矣。盛服将朝，尚早，坐而假寐。麑退而叹曰："不忘恭敬，民之主也；贼民之主不忠，弃君之命不信。"遂触槐而死。

○宣子，赵盾谥。

阳雍五璧，温峤一台。

汉阳雍伯尝设义浆给行人。三年。有一人饮讫，问曰："何无菜羹？"答曰："无种。"其人怀中出菜子一升与之，且曰："种此生美玉，并得好妇。"北平徐氏有女，公求之，徐氏曰："得白璧一双当为婚。"公于所种处求之，得五双以聘，因名其地曰玉田。生十男，皆俊异，位至卿相。

○阳，一作羊。

晋温峤博学能文，丰仪秀整。峤姑有女，属其觅婿，答曰："佳婿难得，如峤者何如？"姑曰："何敢希汝辈。"久之报姑曰："得之矣，门第人才，不减于峤。"因下玉镜台一枚。既行婚礼毕，女披纱扇笑曰："我故疑是老奴。"

○老奴，峤之小字。

<h2 style="text-align:center">十一真</h2>

孔门十哲，殷室三仁。

孔子弟子分为四科，共十人，称十哲。程正叔曰："此特从夫子于陈蔡间者耳，门人之贤，不止于此。曾子传道而不与十哲，固知为世俗之论也。"

○十哲之称，见唐开元二十二年八月之制。

殷纣无道，微子启，帝乙首子，纣从兄也，去之荒野，以存宗嗣。箕子，胥余父师也。谏不听，囚之，乃被发佯狂为奴。王子比干，少师也，陈先王艰难，天命不易，请王清心易行，伏于象门之外。纣怒曰："比干自以为圣，吾闻圣人心有七窍，信乎？"遂剖之，以观其心。孔子以其迹异而心同，称为"三仁"。

晏能处己，鸿耻因人。

季汉何晏，字平叔。七岁，明慧若神，魏武奇爱之。因晏在宫中，欲以为子。晏乃画地令方，自处其中。人问其故，答曰："何氏之庐也。"魏武知之，即遣还。

汉梁鸿，字伯鸾。少孤，尝独止不与人同食。比舍先炊已，乃呼伯鸾及热釜炊。伯鸾曰："童子鸿不因人热者也。"灭灶更燃之。

文翁教士，朱邑爱民。

汉文翁名党，舒人。少好学，通《春秋》。景帝时为蜀郡守，崇尚教化，兴学校以变风俗，遣俊士司马相如及张叔等十八人，东诣博士受七教。还以教授学徒，麟萃比于齐鲁。故《地理志》曰：文翁倡其教，相如为之师。武帝时，天下皆建学，自文翁始。后终于蜀，蜀人祀之。

汉朱邑字仲卿，舒人。举贤良，迁北海太守，治行第一，入为大司农。天性廉正。及卒，天子惜之，曰："大司农退食自公，无疆外之交，可谓淑人君子。"赐黄金以奉祭祀。初，邑病，属其子曰："我故为桐乡啬夫，遗爱在民，民实爱我，死必葬我桐乡。"今墓在桐西二十里，民立祠祀之。

太公钓渭，伊尹耕莘。

太公姓吕，名尚，字子牙，姜其氏也。年八十钓于渭水，得玉璜，刻曰："周受命，吕佐之。"文王出猎，卜曰："非熊非罴，乃王者师。"遇尚，以后车载之归。喜曰："吾太公望子久矣。"因称为"太公望"。武王尊为师、尚父，从之伐纣。

伊尹名挚，生于空桑，居于伊水，故氏曰伊，尹其字也。第考《太甲篇》自称尹躬，恐无君前称之理。尹耕于有莘国之野，乐尧舜之道，汤三使往聘，因说汤伐夏救民焉。

○故莘城在汴州陈留县东北。

皋惟团力，泌仅献身。

唐曹王皋，代宗朝为江西节度使，教习所部兵惟以团力法。蔡州刺史李希烈为乱，皋败其将韩霜露于黄梅，斩之，拔黄州，进拔蕲州，又破其将杜少诚万余骑。希烈遂东畏曹王皋，西畏李兼，不敢复窥江淮。

○皋，唐宗室，袭封曹王。

唐代宗朝，端午各献服玩。上谓李泌曰："先生何独无献？"泌曰："自巾至履，皆陛下所赐，所余独一身耳。"上曰："朕所求正在此。既献其身，当惟朕所为，不为卿有矣。"

○隋苏威，五月五日，百僚上馈，多以珍玩，威献《尚书》一部。

丧邦黄皓，误国章惇。

季汉刘后主用内宦黄皓，皓专权自恣，屏逐姜维，以致后主昏庸。魏陈留王遣邓艾往征之，遂降魏，蜀汉亡。诸葛武侯曰："亲小人，远贤臣，此后汉所以倾颓也。"此有所指。

○丧，桑去声。

宋章惇，字子厚。助王安石行新法。哲宗朝外斥，寻内召通判。陈瓘中道谒之，问曰："天子待公为政，何先？"惇曰："司马光奸邪，所当先辨。"瓘曰："公误矣，果尔，恐失天下之望。指司马为奸邪，必复改作，则误国亦甚。为今之计，消朋党，持中道，庶可以救弊。"惇不悦。

○惇二弟九孙，皆及第。

鞅更秦法，普读鲁论。

周商鞅，魏人。为秦相，徙木立信，尽变秦法，使民勇于公战，怯于私斗。后以公子虔之徒告鞅反，逃亡欲止客舍。客曰："商君之法，舍人无验者，坐之。"鞅叹曰："嗟乎！为法之敝，一至于此。"

宋赵普，字则平，蓟州人。沉厚寡言，手不释卷，历相两朝。太宗尝称之曰："普能断大事，尽忠国家，真社稷臣也！"每归私第，必阖户启箧，取《论语》读之。尝语上曰："臣有《论语》一部，以半部佐太祖定天下，以半部佐陛下定太平。"后卒，谥忠献。上撰《神道碑铭》，亲为八分书赐之。

吕诛华士，孔戮闻人。

太公望封于齐，齐有华士者，义不臣天子，不友诸侯，人称其贤。公召之三，不至，命诛之。周公曰："此齐之高士，奈何诛之？"太公曰："夫不臣天子，不友诸侯，望犹得臣而友之乎？望不得臣而友之，是弃民也；召之三不至，是逆民也。而旌之以为教首，使一国效之，望谁与为君乎？"

○华，音话。

孔子为鲁司寇，摄政七日而诛乱政大夫少正卯于两观之下。子贡曰："少正卯，鲁之闻人也，何诛之？"孔子曰："天下有恶五，而窃盗不与焉：心达而险，行辟而坚，言伪而辨，记丑而博，顺非而泽。少正卯兼有之，不可以不除。"

暴胜持斧，张纲埋轮。

汉武天汉二年，泰山瑯琊盗起，遣直指使者暴胜之等衣绣持斧，分部逐捕，刺史郡守以下多伏诛。闻隽不疑贤，请见。不疑盛饰造门，胜之迎上座。不疑曰："凡使吏，太刚则折，太柔则废；威行济之以恩，乃可善后。"胜之改容纳焉，遂表荐不疑。

○胜之，字公子。

汉张纲，字文纪，皓子，彭山人。少负气节，顺帝朝为御史。时帝遣八使按行风俗，纲独埋车轮于洛阳都亭，曰："豺狼当道，安问狐狸。"遂劾大将军梁冀及冀弟河南尹不疑等不法事。冀患之，使出为广陵守，以广陵有张婴之乱也。

○八使：杜乔、周举、周栩、冯羡、栾巴、郭遵、刘班，并纲八人。

孙非识面，韦岂呈身。

宋孙抃，皇祐中为御史中丞，荐唐介、吴敦复为御史。或问之曰："君未与相识而荐之，何也？"抃曰："昔人耻呈身御史，今岂求识面台官耶？"后二人俱以刚介著闻。

唐韦澳，字子斐。武宗朝，擢宏词，十年不调。高元裕欲荐之为御史，讽澳谒己。澳曰："恐无呈身御史。"宣宗朝，官翰林，持身清节，不逐时流。

令公请税，长孺输缗。

晋裴楷，字叔则。武帝朝累官散骑侍郎，后迁中书令。梁王，赵王国之近属，贵重当时。楷岁请二国租钱百万，以恤中表之贫者。或讥之曰："何以乞物示惠？"叔则曰："损有余以补不足，天之道也。"

○楷尝营新宅甚丽，当移住。与兄棍共游。床帐俨然，轩棍疏朗，兄甚欲之，而口不言。楷心识之，便推以与。

宋杨长孺帅番禺，将受代，有俸钱七千缗，悉以代下户输租。每对客曰："士大夫清廉，便是七分人了。"以忤权贵见劾，陈肤中作《玉壶冰》《朱丝弦》二诗送行，以后学士致仕。

白州刺史，绛县老人。

唐薛稷为纸封九锡，拜楮国公、白州刺史，统领万字军，详《纂异记》。

○又晋桓温有主簿善别酒，好者为青州从事，恶者为平原督邮。青州有齐郡从事，谓到脐下；平原有革县督邮，言在膈上。下句绛县老人与青州从事对亦可。

鲁襄公三十年，晋悼夫人食舆人之城杞者。绛县老人与焉，问其年，曰："臣小人也，不知纪年。臣生之岁正月甲子朔，四百有四十五甲子矣。"盖七十三年也。赵孟召之而谢过焉，曰："武不才，任君之大事，以晋国事多虞，不能由吾子，使吾子辱在泥涂久矣，武之罪也。"遂仕之，使助为政，辞以老，使为君复陶，以为绛县师。

〇复陶主衣服。

景行莲幕，谨选花裀。

南北朝庾杲之，字景行。王俭用为卫将军长史。萧缅与俭书曰："盛府无僚，实难其选。庾景行泛渌水，依芙蓉，何其丽也。"时人以入俭府为莲花池，故缅书美之。

唐许慎，字谨选，放旷不拘小节，与亲友结宴花圃中，未尝张幄设座，只使僮仆聚落花铺坐，曰："吾自有花裀，何须坐具。"

〇裀，《集韵》：伊真切。《韵会》：通茵。《博雅》：複衫谓之裀。

郗超造宅，季雅买邻。

晋郗超，字嘉宾。每闻高尚隐退者，辄为办百万资，并为造立居宇。在剡为戴公起宅甚精，安道谓所亲云："近至剡，如官舍。"

〇安道，戴公字。博学能文，善鼓琴，性高洁，孝武累征不就，谯国人，隐于剡溪。

南北朝宋季雅，罢南康，市宅居吕僧珍宅侧。僧珍问宅价，答曰："一千一百万。"怪其贵。曰："一百万买宅，一千万买邻。"及僧珍生子，季雅往贺，函曰"钱一千"。阍人少之，不为通，季雅强入。僧珍发之，乃金钱也。

寿昌寻母，董永卖身。

宋朱寿昌，字康叔。七岁，父嫁其母，不知所在。及长，弃官，刺血写经求之。得于蜀中，计别五十年矣。东坡贺以诗云："嗟君七岁知念母，怜君壮大心愈苦。羡君临老得相逢，喜极无言泪如雨。"

汉董永，千乘人。少失母，独养父。父死无以葬，从里人裴氏贷钱一万，约以身作奴。葬毕，忽遇一妇求为妻，俱诣钱主。主人令织缣三百匹以偿。一月毕，妇曰："我织女也，因君至孝，上帝令我助君偿债。"言讫，凌空而去。后生子仲，送永抚之。

建安七子，大历十人。

建安，汉献帝年号。七子谓王粲、陈琳、徐幹、刘桢、应玚、阮瑀、孔融也，俱以文章重于魏文帝。钟嵘曰："若孙门用诗，则公幹升堂；子建入室，景阳、潘、陆可坐于廊庑之间。"

〇景阳，张协字。潘，潘岳。陆，二陆也。

大历，唐代宗年号。十人谓卢纶、吉中孚、韩翃、钱起、司空曙、苗发、崔峒、耿湋、夏侯审、李端也。皆工诗，齐名，号"大历十才子"。《诗评》云："大历之诗，高者尚未失盛唐。"宪宗诏中书舍人张仲素访集遗文。文宗尤爱其诗，遣中人索之，得五百篇。

香山诗价，孙济酤缯。

唐白居易为江州司马，筑草堂于香炉峰下，称香山居士。工诗，初颇以规讽得失，其后更偶下俗好，至数千篇，士人争为传写。鸡林行贾售其国相，率篇易一金，其伪者国相辄能辨别之。

〇鸡林，新罗国名。

季汉孙济，孙权之叔。嗜酒，不治产业。常醉，屡欠酒缯，人皆笑之。济恬然自若，谓人曰："寻常行坐处欠人酒债，欲货此缯袍偿之。"杜工部诗"酒债寻常行处有"，本此。

令严孙武，法变张巡。

周孙武，齐人，以兵法见吴王阖闾。王出宫中美女百八十人，使武教之战。孙子分为二队，以二宠姬为队长。皆令持戟，三令五申，妇人大笑，斩二队长以徇。复鼓之，妇人左右前后跪起皆中规矩。王遂用武为将，西破强楚，北威齐鲁。武著有兵法十三篇。

唐张巡用兵未尝依古法，勒大将教战，各出其意。或问之，对曰："古者人情敦朴，故军有左右前后，大将居中，三军望之，以齐进退。今胡人务驰突，云合鸟散，变态百出，故吾止使兵识将意，将识士情，上下相习，人自为战矣。"

更衣范冉，广被孟仁。

汉范冉，一云丹，字史云。桓帝时为莱芜长。议者欲以为侍御史，遂遁去，卖卜于梁、沛之间。少与同郡尹包善，出入共一

绛衣。到人门外，尹年长，常先着而入。比出，解与冉。冉尝候
姊，姊具饭，以姊夫不德，密留钱五十而去。

○着，音酌。

季汉孟仁，一云宗。少从李肃学，其母为作厚被大褥。人问
故，母曰："小儿无德致客，客多贫。故为广被，庶可得与气类
接也。"后为鱼官，作鲊寄母，母封还之。与陶母湛氏事同。

○又南北朝裴之横，少纵诞，兄之高为狭被蔬食以激之。之
横叹曰："大丈夫富贵，必作百幅被。"后除吴兴太守，作百幅
被以成其志。

笔床茶灶，羽扇纶巾。

唐陆龟蒙，字鲁望，长兴人。尝自忍饥，耻食屠沽儿酒肉，
故亲党鲜会。伏腊丧祭，皆未尝及。无事时，乘小舟，赍束书、
茶灶、笔床、钓具，棹船而游，少不会意，竟还不留。性嗜茶，
辟园顾渚山下，遂收之。号天随子，又号甫里先生。

季汉诸葛亮与司马懿对于渭南，克日交战。懿戎服莅事，
使人视亮，独乘素车纶巾，羽扇指挥，三军随其进止。懿叹曰：
"诸葛君可谓名士矣。"亮寻卒，军退。懿行其营垒，复叹为天
下奇才。

○纶字亦作緺，音关，说本明杨升庵。

灌夫使酒，刘四骂人。

汉灌夫为人刚直使酒，不好面谀。贵戚有势力者，必凌之；
诸士贫贱者，益恭敬。尝醉搏卫尉窦甫，后又以酒酣侵丞相田

蚡，又怒蚡请魏其侯城南田，又因蚡取燕王女为夫人，往贺，骂坐不敬，得罪，引他事劾诛之。

唐刘子翼，有学行，性刚直，朋友有过，辄面责之，退无余訾。李百药尝语人曰："刘四虽复骂人，人终不恨。"为隋秘书监，唐太宗征之，辞以母老不至。

○訾，音疵。

以牛易马，改氏为民。

晋元帝南渡，是为东晋，传世十，享祚九十八年。初，玄石图有牛继马后之谶，故司马懿深忌牛氏。为二榼共一口以储酒，懿先饮佳者，而以毒酒鸩其将牛金。不知恭王妃夏侯氏竟通小吏牛氏，而生元帝。

季汉民仪，本姓氏，仕吴。孔融嘲之曰："氏字民无上，可改为民。"但考姓谱，并无民姓。瑯琊代醉篇，珉与昏皆从民字。唐避太宗讳，故石经皆以氏字代之，则又改氏为民矣。或云仪改氏为是，俟再详。昏，音敏。

圹先表圣，灯候沈彬。

唐司空图，字表圣，虞乡人。举进士，避乱不仕，自号耐辱居士，又号知非子。尝预为冢圹，故人来者，引置圹内，赋诗对酌。人或难之，表圣曰："我非止暂游此中，公何不广耶？"出则以女家人鸾台自随。尝为王重荣作碑，赠绢数千匹，图置之节门，外人得取之，一日而尽。有《一鸣集》传世。

唐沈彬，字子文。隐云阳山学仙道，工诗，有《湘江行》

云："数家渔网残烟外，一岸夕阳细雨中。"人脍炙之。后仕南唐为吏部郎，临终指葬地以示家人，穴其所，得石莲花灯三碗，有铜碑。篆文曰："佳城今已开，虽开不葬埋。漆灯犹未灭，留待沈彬来。"

〇来灭，一作不爇。

十二文

谢敷处士，宋景贤君。

晋谢敷，字庆绪，澄静寡欲，入若耶山十余年，辟命皆不就。郗恢尝曰："庆绪识见虽不绝人，可以累心处都尽。"少微星，一名处士星。初月犯少微，占者以隐士当之。时戴逵有美才，人或忧之，俄而敷死。越人嘲之云："吴中有高士，求死不得死。"

宋景公时，荧惑守心。心，宋分野也。召子韦问焉，韦曰："祸当君，可移于相。"公曰："相所与治国家者也。"曰："可移于百姓。"公曰："百姓死，寡人将谁为君？"曰："可移于岁。"公曰："岁荒人饥必死，谁以我为君乎？"韦曰："君有至德之言三，荧惑必退。"是夜果退舍。

景宗险韵，刘辉奇文。

南北朝曹景宗，字振为，以胆勇闻。梁武朝为右将军，魏兵围钟离，景宗帅师解围，振旅而还。帝宴之，群臣联句，令沈约限韵。时韵用已尽，惟余竞病二字。景宗操笔立成，云："去时儿女悲，归来笳鼓竞。借问行路人，何如霍去病？"帝大称赏。

宋刘几，字之道。为文好险语，欧公恶之。场中一人论曰："天地轧，万物茁，圣人发。"公曰："必刘几也。"因戏批："秀才剌，试官刷。"以朱笔横抹之，谓之红勒帛。后公为御试考官，试《尧舜性仁赋》。有曰："静以延年，独高五帝之寿；动而有勇，刑为四罪之诛。"擢第一。及唱名，乃刘辉，即易名也。公愕然久之。

〇剌，音辣。

袁安卧雪，仁杰望云。

汉袁安，字邵公，汝阳人。微时，客洛阳。时大雪，洛阳令按行至门。门无行迹，因除雪以入。见安僵卧，问何以不出？曰："大雪不宜干人。"令举为孝廉，后累官至司徒。

〇又胡定卧雪事与安同。

唐狄仁杰，武后朝为相，以功封梁国公。初为并州法曹参军，亲在河南。仁杰偶登太行，见白云孤飞，叹曰："吾亲舍在其下。"徘徊久之，云移乃得去。

〇并，音平。太行山在今山西绛县东。

貌疏宰相，腹负将军。

宋王钦若，貌疏瘦，举止山野，复赘项。尝以文谒钱公希白，公颇蔑视之。有术者谓公曰："此乃人中之贵，何可轻也？"公曰："中堂内有此等宰相乎？"术者曰："第恐不免，事不远矣。"后果为真宗相,谥文穆。

宋苏轼闻弟子由瘦,寄诗云:"十年京国厌肥羜,日日糕花压红玉。从来此腹负将军,今者固宜安脱粟。"俗云:大将军食饱,扪腹叹曰,我不负汝。左右曰:将军不负此腹,此腹负将军。未尝少出智虑之万一也。

梁亭窃灌,曾圃误耘。

梁大夫宋就为边县令,与楚邻界。梁亭与楚亭皆种瓜,梁勤于灌,瓜美;楚灌稀,瓜恶。楚亭人搔梁瓜焦死。梁觉,欲报之。就曰:"人恶亦恶,何褊之甚。我教子为楚人夜灌其瓜,勿令知也。"梁人如其言。楚瓜美,怪而察之,乃梁人为之也。楚王曰:"此梁之阴让也。"谢以重币,因请交。

曾子耘瓜,误斩其根。父皙怒,大杖击之。曾子仆地有顷,乃苏。孔子闻之曰:"参来勿纳。"曾子请之。孔子曰:"舜事瞽瞍,小杖则受,大杖则走。今参委身以待暴怒,身死,陷父于不义,不孝孰大焉。女非天子之民也?杀天子之民,其罪奚若。"曾子闻之,曰:"参罪大矣。"遂造孔子谢过。

张巡军令,陈琳檄文。

唐雷万春事张巡为偏将,令狐潮围雍丘,万春立城上与潮语。伏弩发六矢着面,万春不动。潮疑木刻人。谍得其实,乃惊。遥谓巡曰:"向见雷将军,已知足下军令矣。"

〇谍,军中细作。

季汉陈琳,字孔璋,广陵人。初为何进主簿,后归曹操。操爱其才，军国书檄，多出琳手。操先苦头风，一日疾发，卧读琳作，翕然起曰："此愈我病。"数加厚赐，官至门下督，建安七子之一也。

〇檄，以木简为书，长尺二寸，以号召也。有急则插鸡羽，谓之羽檄。

羊殖益上，宁越弥勤。

赵简子问成抟曰："吾闻羊殖贤大夫也，是行奚若？"对曰："臣抟不知也。"简子曰："子与友亲，何不知也？"抟曰："其为人也，数变。其十五年也，廉以不匿其过；其二十也，仁以喜义；其三十也，为晋中军尉，勇以喜仁；其年五十也，为边城将，远者复亲。今臣不见五年矣。是以不敢知。"简子曰："果贤大夫也，每变益上。"

周宁越，中牟人。苦耕稼之劳，谓其友曰："何为可以免此？"友曰："莫如学也。勤三十年则可以免矣。"越曰："然则人将休，吾不敢休；将卧，吾不敢卧。如是者十五年亦足矣。"乃发愤十三年，齐威公师事之。

蔡邕倒屣，卫瓘披云。

季汉王粲，字仲宣。博物多识，问无不知。蔡邕奇其才略，闻粲在门，倒屣迎之。粲年少短小，一座皆惊。邕曰："此君奇才，吾不如也，吾家书籍当悉与之。"后仕魏。

〇屣，履不摄跟也。

晋乐广，字彦辅。善谈论，每以约言析理，遂厌人心。卫瓘见而奇之，曰："此人之水镜也，见之若披云雾而睹青天。"后仕至尚书令。女适卫玠，时有"妇翁冰清，女婿玉润"之语。

巨山龟息，遵彦龙文。

唐李峤，字巨山。昆弟皆年三十而卒，母忧之，以峤寿问于袁天罡。袁答曰："神清气秀，若寿不永耳。"因请与峤连榻而寝，视其鼻息，乃出入在耳中。遂贺曰："龟息也，必大贵寿。"后果验。

○罡，音刚。

南北朝杨愔，字遵彦。六岁受史书，十一岁受《诗》、《易》。从兄昱器重之，曰："此儿驹齿未落，已是吾家龙文，更十年，当求之千里外。"后事北齐文宣帝，为太子少保，封开国公。幼时在学庭，群儿争取枣实，愔颓然独坐，季父昕异其恬裕。室内有茂林，为愔独葺一室，饭以铜盘重肉之食。

○龙文，良马名。

十三元

傲倪昭谏，茂异简言。

唐罗隐，字昭谏。工诗，尤长于咏史。性傲倪，少与桐庐章鲁风齐名，为宰相郑畋所重。畋女览隐诗，讽咏不已，畋疑有慕才意。隐貌陋，一日，女窥见之，遂绝口不咏。令狐绹子滈登第，隐贺以诗，绹曰："吾不喜汝得第，喜汝得罗公诗耳。"

○滈，音缟。

宋吴简言，字若讷，以茂异决科，累官祠部郎中。尝经巫山神女庙，题诗云："惆怅巫娥事不平，当时一梦是空成。只因宋玉闲唇吻，流尽长江洗不清。"是夜梦神女来谢。

金书梦珏，纱护卜藩。

唐李珏，开成中拜相。李绛称其日角珠庭，非庸人相。时广陵有李珏，以贩籴为业，每斗惟求子钱二文，资奉父母。凡籴粜授人升斗，俾其自量。丞相珏节制淮南时，梦入洞府，见石壁金书姓名中有李珏，方自喜，有二童子云："此是江阳部民李珏耳。"后百余岁仙去。

唐李藩，字叔翰。少沉静有检局，宪宗朝同平章事。尝问卜于葫芦生，曰："子纱笼中人也。"藩不省。后有新罗僧言，凡位当宰相者，冥司必潜以纱笼护其名姓，恐为异物所害。后为杜兼所诬，召藩诣长安。帝望见其仪度安雅，曰："此岂为恶者耶？"

童恢捕虎，古冶持鼋。

汉童恢，字汉宗。为不其令，民有为虎所害。恢捕二虎，谓曰："王法杀人者死，若杀人者，垂头伏罪，不杀人者当号诉。"一虎低头瞑目，一虎视恢号鸣。恢乃杀一释一，吏民为之歌颂，迁丹阳太守，执法廉平。弟翊名高于恢，宰府先辟之。翊阳喑不出，及兄被命，乃就孝廉。

○翊，音揖。不其，今山东即墨县。

齐景公渡河偶沉，鼋衔左骖没之，众皆惕，古冶子独仗剑从之。斜行五里，逆行五里，至于砥柱之下。左手持鼋头，右手挟左骖，燕跃鹊踊而出。仰天大呼，水为逆流三百步。观者皆比于河伯。

何奇韩信，香化陈元。

汉萧何见韩信，与语奇之。汉王未及重用信，信亡去。何自策骑月下追返之，力荐于高祖。曰："诸将易得耳，至如信，国士无双。"高祖遂筑坛，拜为大将，卒赖成功。

〇信字君实。

汉仇览，一名香。为蒲亭长。有陈元者，母讼其不孝。览惊曰："守寡养孤，奈何致子于法？"览因亲至其家，详谕元以大义，卒成孝子。邑令王涣署为主簿，曰："闻不罪陈元而化之，得无少鹰鹯之志乎？"览曰："窃谓鹰鹯不如鸾凤，故不为耳。"

徐幹中论，扬雄法言。

季汉徐幹与陈琳等七人皆好文章，号建安七子。魏文帝尝与吴质书曰："伟长抱文怀质，恬淡寡欲，有箕山之节，可谓彬彬君子矣。"疾时人美丽之文，不能敷散道教，故著《中论》行世，辞义典雅，当世嘉之。伟长，幹字。

汉扬雄，少好学，居岷山之阳，有田一廛，有宅一区。以经莫大于《易》，作《太玄》；传莫大于《论语》，作《法言》；篇莫善于《苍颉》，作《训纂》；箴莫善于《虞人》，作《九箴》；赋莫善于《离骚》，作《反骚》；辞莫丽于相如，作《四赋》。雄撰《法言》，蜀有富人，赍钱十万，愿载一名。子云曰："富人无义，正如圈中之鹿，栏中之牛矣，安得妄载！"

力称乌获，勇尚孟贲。

乌获，字文举，秦武王时人。力能扛鼎。秦武王好以力戏，获遂至大位。后举鼎折肱而卒。

○扛，音缸，对举也。

○《论衡》云："董仲舒、扬子云，文之乌获也。"

孟贲，齐人，能生拔牛角，往归秦武。尝过河，先其伍，船入虎之，不知其为贲也。中河贲怒，目裂发直，舟中之人尽扬播于河。

○虎，孝平声。贲，《淮南子》注作卫人。

八龙荀氏，五豸唐门。

汉荀淑，字季和。子八人，俭、绲、靖、焘、汪、爽、肃、专并有名。淑居西豪里，县令苑康曰："昔高阳氏有才子八人。"遂署其里曰"高阳里"，号其子曰"八龙"。靖、爽尤知名，复有"二龙"之号，或称"二玉"。许邵曰："叔慈内照，慈明外朗。"陈太邱尝携诸子侄造之，于时德星聚，太史奏：五百里当有贤人聚。

宋唐坰、唐肃、唐询、唐介、唐淑问相续为御史，人称一门五豸。

○按介，字子方，坰子叔。淑问，介之子，坰兄。肃则坰祖，询则坰父也。有足曰虫，无足曰豸。本音池，上声，俗讹为獬廌，廌字则柴上声矣。御史官服用獬廌，豸宜作廌。

张瞻炊臼，庄周鼓盆。

江淮王生善卜，贾客张瞻将归，梦炊臼中，以问王生。生曰："君归不见妻矣，臼中炊，无釜也。字义：釜去声为妇。"瞻归，其妻果卒，见《酉阳杂俎》。

周庄周，蒙人，一称蒙庄。妻死，惠子吊之，周箕踞鼓盆而歌曰："堪叹浮世事，有如开花谢。妻死我必埋，我死妻必嫁。我若先死时，一场大笑话。田被他人耕，马被他人跨。妻被他人恋，子被他人打。以此动伤心，相看泪不下。世人笑我不悲伤，我笑世人空断肠。死后若还哭得转，我亦千愁泪万行。"惠子曰："不亦甚乎！"

疏脱士简，博奥文元。

南北朝张率，字士简。嗜酒疏脱，在新安遣家僮载米三千斛还吴，耗失大半。士简问其故，答曰："雀鼠耗也。"士简叹曰："壮哉鼠雀！"竟不究。率初作颂赋，虞讷诋之，后更为之，托言沈约，讷便句句称赏。

唐萧颖士，谥文元。性严酷。有仆名杜亮，事之十余年。颖士每加箠楚，辄百余，不堪其苦。人或激之择木，亮曰："我非不能他从，所以迟留者，特爱慕其博奥耳！"

○陆放翁诗："奴爱才如萧颖士。"

○萧字茂挺。

敏修未娶，陈峤初婚。

宋陈敏修，绍兴间中进士第三人。上问云："卿便是陈敏修，年几何？"对曰："七十三。"又问有几子。对曰："未娶。"上乃出内人施氏嫁之。年三十，资奁甚厚。时人语曰："新人若问郎年纪，五十年前二十三。"

宋陈峤，字景山，年近六十方及第。有儒家以女妻之，合卺之夕，作诗云："彭祖尚闻年八百，陈郎犹是小孩儿。"

○东坡谪惠州，邻有老举人年六十九，其妻三十岁诞子，公戏一联曰："令阃方当而立岁，贤夫已过古稀年。"见《侯鲭录》。

长公思过，定国平冤。

汉韩延寿，字长公。为左冯翊，行县至高陵，民有昆弟相与讼田。延寿大伤之，曰："幸得避位，为郡表率，不能宣教明化，至令民有骨肉争讼，咎在冯翊。"因闭门思过，一县莫知所为，令丞以下，亦皆自系待罪。于是讼者自悔，肉袒谢罪，愿以田相让，终死不敢复争。

○冯，音平。翊，音亦。

汉于定国，累官廷尉，时称之曰："张释之为廷尉，天下无冤民；于定国为廷尉，民自以为不冤。"先是定国父于公为狱吏，闾门坏，父老方共治之。公曰："幸少高大，令容驷马高盖车。我治狱多阴德，子孙必有兴者。"至定国果拜相，封西平侯。生平谦厚，身为列卿，尚迎师执弟子礼，饮酒数斗不乱，酒后治狱益精明。

陈遵投辖，魏勃扫门。

汉陈遵，字孟公。性好客。每会饮，取客车辖投井中，虽有急不得去。善书。凡与人尺牍，众皆珍藏之。初为京兆史，列侯中有与同姓字者，每至，入门，坐中莫不震动。既至而非，因号曰："陈惊坐"。

汉魏勃欲见齐相曹参，贫无以通，乃常早起扫齐相舍人门。舍人怪而问之，乃知是勃，询其故，勃曰："愿见相君。无因，故为扫之，借以自通也。"于是引见参，遂以为舍人。

孙泋织屦，阮咸曝裈。

宋孙泋，家贫，嗜书，善吟咏。不应举，躬耕织屦以为食，寿百岁。尝赋《述怀》诗，云："坐倦秋树根，摄衣步前丘。横河澹如练，波月西南流。独持一樽酒，悠然发清讴。俯仰无不足，吾生焉所求。"

〇泋，连上声。

晋阮咸，字仲容。任达不拘，当时莫不怪其所为，惟太原郭奕见之心醉焉。与叔籍齐名。咸与籍居道南，诸阮居道北，北富南贫。七夕日，北阮曝衣，锦绮熇日，咸以竹竿挂犊鼻裈于庭，曰："未能免俗，聊复尔耳。"出补始平太守。

〇熇，音郝。

晦堂无隐，沩山不言。

宋黄庭坚，字鲁直。尝欲诠释"吾无隐乎尔"之义，再三不得其解。因问黄堂寺晦堂老子，晦堂不答。时暑退凉生，秋风满院，晦堂因问，曰："闻木樨香乎？"山谷曰："闻。"晦堂曰："吾无隐乎尔！"山谷叹服。

〇木樨，桂之别名。山谷，庭坚别号。

唐香岩禅师参沩山。沩山曰："父母未生时，试道一句看。"师茫然，屡乞沩山说破。沩山曰："我说的是我的，终不干汝事。"乃泣辞。过南阳，一日，芟除草木，偶抛瓦砾，击竹作声，忽省悟。遽沐浴焚香，遥礼沩山，赞曰："和尚大慈，恩逾父母，若为说破，今日何有！"

十四寒

庄生蝴蝶，吕祖邯郸。

周庄周为漆园吏，字子休。尝梦化为蝴蝶，栩栩然不知周也。俄而觉，则蘧蘧然周也。不知周之梦蝶，蝶之梦周也，是谓物化。

〇栩栩，忻畅貌。蘧蘧，自得貌。

〇南北朝李愚，性疏旷不羁。尝曰："予夙夜在公，不得烂游华胥国。欲构一蝶庵，以庄周为第一祖，陈抟配食，忙者难与注籍供职。"

唐开元中，吕岩得道，云游邯郸客邸，适主人炊黄粱。时有卢生在坐，言困厄欲求仕。岩乃取囊中枕授之。睡未几，梦登第，出入将相五十年，荣盛无比。及觉，黄粱尚未熟。卢生因求度世之术，后亦仙去。

○岩即纯阳子。

谢安折屐，贡禹弹冠。

晋谢安领扬州刺史。时符坚入寇，安方在别墅对客围棋。侄玄以文武良将御敌，破坚淝水，捷至，安略无喜色，客问，但曰："小儿辈已破贼矣。"既罢奕还内，过门限，喜甚，不觉屐齿之折，其矫情镇物如此。

汉贡禹，字少翁，与王阳友善，阳为益州刺史，禹乃弹冠相庆，俟其荐己，阳果荐于成帝。

○一说禹初为河南令，以职事为上官所责，免冠谢，已而曰："冠一免，安可复冠！"遂谢去。世言王阳在位，贡禹弹冠，则前说为是。

颙容王导，浚杀曲端。

晋王敦乱，从弟王导诣台待罪。丞呼周颙，曰："伯仁，以百口累卿。"颙直入不顾，见帝，申救而出，但谓左右曰："今年杀诸贼奴，取金印如斗大。"既又表明导无罪，导皆不知。敦至，问何如？导不答，遂杀。寻知之，导悔曰："我虽不杀伯仁，伯仁由我而死。"

○伯仁，颙字。颙，音以。

宋曲端，字正甫。为威武将军，善战，得士卒心。与宣抚使张浚议不合，窜之。浚犹张其号以惧虏。寻召还欲用。吴玠与之有隙，书"曲端谋反"四字于手示浚。又端诗："不向关中兴事业，却来江上泛渔舟。"王庶诬其指斥乘舆，遂下端狱，武臣康随计杀之，谥壮愍。

休那题碣，叔邵凭棺。

明姚康，字休那，桐城人。素恬淡寡营，研精坟史，不屑仕进。何、史二相国先后敦请入幕，文章经济，略见一斑，而贫窭如故。七十初度，为诗自祭，有陶靖节风。又自题圹碣曰："吊有青蝇，几见礼成徐孺子；赋无白凤，免得书称莽大夫。"寿七十六，著述甚富。

〇那，懦平声。

明方叔邵，字虎王，桐城人。豪放不羁，诗酒自适，书法媲美草圣，识者宝之。崇祯壬午夏，忽病齿，遂整衣冠坐棺中，凭棺授笔书，曰："千百年之乡而不去，争此瞬息而奚为？无干戈剑戟之乡而不去，恋此枳棘而奚为？清风明月如常在，翠壁丹崖我尚归。笔砚携从棺里去，山前无事好吟诗。"书毕就寝，遗命勿殓。

如龙诸葛，似鬼曹瞒。

季汉诸葛亮隐居隆中，徐庶称为"卧龙先生"。因司马徽之荐，三顾乃克见，喜如鱼之得水。后为相，封武乡侯。兄瑾事吴，族弟诞事魏。时谓蜀得龙，吴得虎，魏得狗。

〇今南阳之邓县，在襄阳城西三十里，号曰隆中，孔明躬耕处。

季汉曹操，小字阿瞒，机警有权术。临终戒其子，曰："我死，当题云'安汉公曹将军墓'"。恐人窃听，又但嘱众妾分香卖履，无一语及他事。故阳节潘氏论曰："平生奸伪，死见真性，操之所以如鬼也。"盖本坡公祭诸葛君文，视亮如龙，视操如鬼。

爽欣御李，白愿识韩。

汉李膺，字元礼。性简亢，无所交接，惟以荀淑为师。淑第六子爽尝就诣膺，因为其御。既还，喜曰："我今日得御李君矣。"其见慕如此。故当时被其容接者，名为"登龙门"。

○登龙门，任昉、袁昂事亦同。

唐韩会，字朝宗。玄宗朝为荆州刺史，以好士荐贤称。李白流落江汉，上书自荐，其简端曰："白闻天下谈士相聚而言曰：'生不愿封万户侯，但愿一识韩荆州。'何令人之景慕一至于此！"

○韩会，即四夔之一。

黔娄布被，优孟衣冠。

周黔娄之子，齐隐士，守道不屈，威王师之。卒，覆以布被，覆头则足露，覆足则头露。曾西曰："斜其被则殓矣。"其妻曰："斜而有余，不若正而不足。"著书四篇，言道家之要，号黔娄子。

周优孟，楚乐人。楚相孙叔敖知其贤，善待之。叔敖将卒，嘱其子贫困则往见优孟。孟为叔敖衣冠，抵掌谈笑。庄王以为叔敖复生，欲以为相。孟请归与妇计。三日后来，曰："妇言慎无为楚相，孙叔敖尽忠于楚，今死，其子无立锥地，负薪以自衣食。如为相，不如自杀。"于是庄王谢孟，召叔敖子，封之宛丘。

长歌宁戚，鼾睡陈抟。

周宁戚，卫人，家贫，为人挽车至齐。夜于车下饭牛，扣角而歌，曰："南山矸，白石烂，生不逢尧与舜禅，短布单衣适自骭。从昏饭牛薄夜半，长夜漫漫何时旦？"桓公闻而异之，命管仲迎之，拜为上卿。

○歌共三章，详《古诗纪》。

宋陈抟，字图南，号希夷，普州崇龛人。先隐武当山，有五老人来听讲《易》，曰："吾日月池中龙也，此非君之所栖。"令闭目，御风而行。顷之，已至华山石上。因喜鼾睡，每至百余日不起，盖五龙授以蛰法也。周世宗曾于禁中扃户式之。

曾参务益，庞德遗安。

曾子有疾，曾元抱首，曾华抱足。曾子曰："吾无颜氏之才，无以告子，然君子务益。夫华多实少者，天也；言多行少者，人也。夫飞鸟以山为埤，而层巢其岭；鱼鳖以渊为浅，而穿穴其内，然所以得者饵也。君子苟能无以利害身，则辱安从至乎！宦怠于官成，病加于小愈，祸生于懈惰，孝衰于妻子。"

汉庞德公隐居于岘山，不入城府。刺史刘表累召不赴，乃造访。公耕陇上，妻饁于前，相敬如宾。表曰："先生不受官禄，何以遗子孙？"公曰："人遗之以危，我遗之以安耳！"建安中，携妻子移隐鹿门山下。子涣，晋太康中牂牁太守。

○牂牁，音臧歌。

穆亲杵臼，商化芝兰。

汉公沙穆，字子义。少游太学，无资，乃变服客佣，为吴祐赁春。祐与语，大惊，遂共定交于杵臼之间。穆后为弘农令，螟虫食稼，乃设坛请以身祷。于是暴雨既霁，而螟虫自消，人称神明。

〇公沙，复姓。

孔子曰："吾死之后，商也，日益；赐也，日损。"曾子曰："何谓也？"曰："商也，好与贤己者处。赐也，悦不若己者处。不知其人，视其友。故曰'与善人居，如入芝兰之室，久而不闻其香，即与俱化矣；与不善人居，如入鲍鱼之肆，久而不闻其臭，即与俱化矣'。丹之所藏者赤，漆之所藏者黑，是以君子必慎所与处者焉。"

葛洪负笈，高凤持竿。

晋葛洪，字稚川，句容人。家贫，篱落不修，常披榛出门，排草入室。屡遭延火，典籍都尽，故闭门却扫，绝少交游。或寻书问义，则不远千里，期于必得。常负笈徒步，借书抄写，自伐薪以货纸墨。夜辄燃火，或写或读，但所写多反复，人罕能读之，后得秘术仙去。

〇笈，书籍也。

汉高凤，字文通，叶县人。家以农为业。妻尝之田，曝麦于庭，令凤护鸡。时天暴雨，凤持竿诵经，麦为流水所漂。妻还，怪问，凤方悟。后成名儒，教授西唐山中，不应征辟，隐身渔钓而终。

〇西唐山，一名唐子山，在今南阳府唐县南，见《水经注》。

释之结袜，子夏更冠。

汉张释之，宫廷尉，时有王生者善释老，隐居不仕。释之与之善。尝召公卿，王生立庭中，袜解，顾谓释之，曰："为我结袜。"释之跪而结之。既退，或曰："奈何辱廷尉？"王生曰："吾老且贱，自度无益于廷尉，聊辱结袜，以重之耳。"诸公闻之，皆贤王生而重释之。

汉杜钦，字子夏。少好经书，家富，而目偏盲，故不好为吏。茂林杜邺，与钦同姓字，俱以才能称。故称钦为"盲杜子夏"，以相别。钦恶以疾见诋，乃为小冠，高广才二寸。由是京师更谓钦为"小冠杜子夏"、而邺为"大冠杜子夏"云。王凤奏请钦为大将军、武库令。

直言唐介，雅量刘宽。

宋唐介，字子方。仁宗朝为御史里行，劾文彦博结交后宫，窃取相位。帝怒，贬介英州别驾，寻遣使护行，又图其像于便殿。李师中送以诗，有"去国一身轻似叶，高名千古重如山"之句，由是介直声动天下。后神宗朝参知政事，简亢敢言，数与王安石辩，不胜愤怼，遂至疽发背死。

汉刘宽，字文饶。性仁厚，为南阳太守。吏民有过，但用蒲鞭示辱。嘉平中拜太尉。当朝会，夫人欲试宽令恚，使婢捧肉羹污其朝衣。宽神色不异，乃徐言曰："羹烂汝手乎？"又尝有人误认其牛，宽无所言，下驾步归。顷认者得牛，送牛还，叩头请责。宽反慰劳之。

〇恚，音惠。

捋须何点，捉鼻谢安。

南北朝何点，字子皙。容貌方雅，博通群书，宋、齐累征不起。与梁武帝有旧，帝践祚，赐以鹿皮冠，手诏征之。召见华林园，欲拜为侍中。点以手捋帝须，曰："乃欲臣老子耶？"寻辞疾归。

〇李卓吾谓其可比严光。

晋谢安少有时名，朝命敦逼，皆不就。人为语曰："安石不起，当如苍生何！"虽处衡门，雅负公辅之望。时兄弟已有贵者，翕集家门，倾动人物。刘夫人，刘惔妹也，见安独静退，戏谓之曰："大丈夫不当如此耶？"安乃捉鼻曰："正恐不免耳！"弟万废，安年四十余，始应辟命，后破符坚，赠太尉，谥文靖。

张华龙鲊，闵贡猪肝。

晋张华，字茂先。学业优博，所著有《博物志》，时人比之子产。陆机尝遗华鲊，华曰："此龙肉也。"遂以苦酒沃鲊，鲊中有五色光。因问鲊主，果自园中积茅下得白鱼，以作鲊也。

〇又汉昭帝时，有鲛鲊。又唐安禄山恩宠莫比，所赐品目中有野猪鲊。

汉闵贡，字仲叔。世称节士。虽周党之洁白，自以为弗及也。尝客居安邑，家贫，日买猪肝一片。屠者或不肯，安邑令闻之，敕吏常给之。贡怪焉，问知其故，叹曰："闵仲叔岂以口腹累安邑耶！"遂去沛。建武中，以博士征不就。

渊材五恨，郭奕三叹。

宋彭渊材，宜丰人。平生喜游。一日，同一黥徒负布囊归，人疑金珠也。渊材曰："吾富可以敌国。"及开视，止李廷珪墨一丸，丈与可竹一枝，欧阳公《五代史》稿一巨编而已。尝自言平生有五恨：一恨鲥鱼多骨，二恨金橘带酸，三恨莼菜性冷，四恨海棠无香，五恨曾子固不能诗。渊材善晓大乐，除协律郎。

晋郭奕，字大业。有才望，初为野王令。羊祜还洛，至界。奕遣人要之，便自往。既见，叹曰："羊叔子何必减郭大业！"复往，羊许小悉。还，又叹曰："羊叔子去人远矣！"祜既去，奕送之弥旦，举数百里，遂以出境免官。复叹曰："羊叔子何必减颜子！"

弘景作相，延祖弃官。

南北朝陶弘景，字通明，读书万卷。一事不知，以为深耻。齐高帝引为诸王侍读。永明中，脱朝服挂神武门，上表辞禄，隐居茅山华阳洞。性爱松风，庭院皆植松，每闻其响，欣然为乐。筑三层楼，自处其上，弟子处其中，宾客处其下，行辟谷导引之术。梁武帝早与之游，即位，征之不出。每有大事，无不咨询，谓之山中宰相。

唐元延祖矢志不仕，年过四十，亲娅强勒之，再调春陵丞，辄弃官去。曰："人生衣食可适饥寒，不宜复有所须。每灌畦掇薪，以为有生之役，过此吾不思也。"子结为道州刺史。

二疏供帐，四皓衣冠。

汉疏广，字仲翁，仕至太子太傅。兄子受，太子少傅。在位五年，广谓受曰："知足不辱，知止不殆；功成身退，天之道也，不去恐有后悔。"乃上疏乞骸骨。许之，赐黄金百斤，太子赠五十斤。公卿大夫设供帐，祖道东部门外，送者车数百辆。道路观者皆曰："贤哉二大夫！"

汉高帝欲易太子。吕后问策张良。良曰："此难以口舌争。顾上所不能致者四人，固请宣来。上见之，则一助也。"太子书迎至，客建成侯吕泽所。及宴，置酒，太子侍，四人从，年皆八十余，须眉皓白，衣冠甚伟。上怪问，何自从吾儿游。四人曰："陛下轻士，臣等义不辱；太子仁孝，愿为之死。"出，上召戚夫人，指视曰："羽翼已成，难动矣。"

曼卿豪饮，廉颇雄餐。

宋石延年，字曼卿，宋城人。喜豪饮，与刘潜善。尝悴海州，潜访之，剧饮。中夜酒竭，有醋斗余，并饮之。每与客痛饮，露发跣足，着械而坐，谓之囚饮；坐于木杪，谓之巢饮；以槁束之，引首出饮，复就束，谓之鳖饮，人甚苦之。官太子中允，进《备边策》，不报。已而西方用兵，上思其言，欲召用，则死矣。

周廉颇为赵将，威震齐秦，伐燕有功，封信平君，为假相国。悼襄王立，使乐乘代颇。颇怒，遂奔魏。赵后困于秦，复使使视颇。仇人郭开赂使，令毁之。使见颇，颇一饭斗米，肉十斤，被甲上马，以示可用。使者报曰："廉将军虽老，尚善饭，然顷之三遗矢矣。"

长康三绝，元方二难。

晋顾恺之，字长康。博学有才气，善丹青。每画人物，数年不点睛，曰："传神写照，正在阿堵中。"尤信小术，以为求之必得。故世传恺之有三绝：才绝，画绝，痴绝。为虎头将军，因号顾虎头。

〇阿堵，晋时方言，犹云这个耳。又宋友文工书，富文辞，有勇力，号三绝。郑虔自写其诗，并画以献玄宗，署其尾曰："三绝俱唐人。"

汉陈寔，长子纪，字元方；次子谌，字季方。与寔并著高名，时号三君。元方子长文，季方子孝先，各论父功德，咨于祖太邱。曰："元方难为兄，季方难为弟。"

曾辞温饱，城忍饥寒。

宋王曾，字孝先，山东益都人。咸平中，乡试、廷对皆第一。刘子仪戏之曰："状元试三场，一生吃着不尽。"曾曰："曾平生志不在温饱。"初，布衣时，以梅诗谒吕文穆，云："雪中未问调羹事，先向百花头上开。"吕云："此生已安排作状元宰相。"后正色立朝。谥文正。

唐阳城，字亢宗。性好学，求为吏，隶集贤院，窃书读之，六年精通。去隐中条山，与弟谐、域常易衣而出。岁饥，屏迹不过邻里，屑榆为粥，讲论不辍。有奴都儿，亦化其德。或与之食，不受，糠则受。城后为谏议大夫。

买臣怀绶，逢萌挂冠。

汉朱买臣，字翁子。家贫，常担薪自给，行讴道中。妻耻，求去。后随计吏至长安，上书，严助复荐之，拜中大夫，授会稽太守。买臣衣故衣，怀其印绶，步归郡邸，诸吏方群饮不视。守邸见其绶，乃太守也，白守丞来谒，买臣徐乘传而之官。

汉逢萌，字子庆。家贫，为亭长，叹曰："大丈夫安能为人役哉！"遂去之长安求仕。时王莽杀其子宇。萌谓友人曰："三纲绝矣，不去，祸将及。"即挂冠东都城门，携家浮海，客辽东，光武即位始还，累征不起。

循良伏湛，儒雅兒宽。

汉伏湛，字惠公，伏生九世孙。更始时，天下兵起，湛为平原太守，捐俸赈饥，一郡赖以保全。光武征拜大司徒，奏行乡饮酒礼。自伏生以来，世传经学，清净无竞，故东州号湛为"伏不斗"。

汉兒宽治《尚书》。家贫赁作，带经而锄。武帝朝，射策为掌故。迁左内史，雍容儒雅。尝守同州，以负租课殿，当免。民闻之，大家牛车，小家担负，输租不绝，课更以最。后为御史大夫。

〇殿，下考；最，上考也。

欧母画荻，柳母和丸。

宋欧阳修，字永叔。四岁失父，母韩国夫人郑氏，守节自矢，亲教育之。家贫，常以荻画地教书。后成进士，两试国学，一试礼部，皆第一，文章名冠天下。修父观为泗州司理时，尝秉烛治官书，屡废而叹。妻问之，曰："此死狱也，我欲其生不得，故叹！"

〇又陶弘景幼好学，四五岁恒以荻为笔，画地画灰学书。

唐柳公绰妻韩氏，相国休之曾孙，家法严肃，为缙绅家楷范。训其子仲郢，尝粉苦参、黄连、熊胆和为丸，使永夜习学，含之以助勤苦。后仲郢累官侍御史、京兆河南尹。退公布卷，不舍昼夜。九经三史一钞，魏、晋南北朝史再钞，手书分门三十卷，号《柳氏自备》。小楷精谨，无一字肆笔。

韩屏题叶，燕姞梦兰。

唐僖宗官人韩翠屏有感，因题诗红叶，云："流水何太急，深宫尽日闲。殷勤谢红叶，好去到人间。"置御沟水中流出。学士于祐得之，亦题一叶，云："曾闻叶上题红怨，叶上题诗寄阿谁？"亦置御沟。风送逆流而进，韩得之。后放官人三千人，丞相韩泳为于作伐，礼成。各出红叶相视，乃曰："事岂偶然！"翠屏因又题一绝。

郑文公有贱妾燕姞，梦天使与己以兰，曰："以是为而子。"盖以兰有国香，人服媚之也。既而文公与姞兰而御之，辞曰："贱妾有子，将不信，敢征兰乎？"公曰："诺。"后果生穆公，名曰兰。后穆公有疾，曰："兰死，吾其亡乎？"刈兰而死。

漂母进食，浣妇分餐。

汉韩信，淮阴人。贫甚，钓于城下。漂母见信饥，饭信。信曰："吾必有以重报母。"母怒，曰："大丈夫不能自食，吾哀王孙而进食耳，岂望报乎！"又尝见辱于屠中少年，曰："子每好带剑，能，刺我死？不能，出我胯下。"信乃俯首，蒲伏出其胯下，市人皆笑其怯。后归汉，封淮阴侯。

〇漂母坟在泗口，信为楚王，立冢以报漂母。

伍子胥奔吴，至溧阳，见女子击漂濑水上。子胥乞食，女与之饭。子胥曰："掩尔壶浆，勿令其露。"既去，回顾女已自沉水中。女性史，子胥得志于吴，欲报，不知其家，投金濑水而去。

〇今溧阳有投金濑，李白作《贞义女碑铭》。

十五删

令威华表，杜宇西山。

汉丁令威，辽东人。学道于灵墟山，后化鹤归辽东，集华表柱，云："有鸟有鸟丁令威，去家千年今始归。城郭如故人民非，何不学仙冢垒垒。"

〇《安徽通志》：灵墟山在太平府东三十五里，旧传丁令威化鹤于此。坛址犹存，有丹洞、丹井。

〇化鹤事与苏耽同。

黄帝子昌意，娶蜀女，生帝喾，后封其支庶于蜀。始称王者名蚕丛，后王曰杜宇，尝值大水，与居民避水于长平山。荆人鳖灵，其尸随水上，至汶山下。宇立为相，开峡治水，人得陆处。宇禅位与之，自居西山，道成升天，又号望帝。尝化为鸟，即今之子规。

范增举玦，羊祜探环。

沛公先入关，项羽怒。沛公至鸿门谢之，羽留宴。居鄛人范增在坐，数举所佩玦示羽，令杀沛公，羽不听。后增以反间去，苏轼曰："增不去，项羽不亡，增亦人杰也哉。"

○玦，佩之不周者。居鄛，今巢县。

晋羊祜，字叔子。生五岁，忽令乳母往邻家李氏园桑树中探取金环。李氏曰："此吾亡儿所失。"因知李氏子，祜前身也。

○又五代文詹于杏林中取五色香囊，亦记前生世事。

沈昭狂瘦，冯道痴顽。

晋沈昭略尝晚醉，负杖至娄湖苑。遇王约，张目视之，曰："汝何肥而痴？"约答曰："汝何瘦而狂？"昭略抚掌大笑，曰："瘦已胜肥，狂已胜痴，奈何！奈何！王约，奈汝痴何！"

○娄湖苑，在江宁府东南，以张昭封娄侯名。

契丹灭晋，冯道朝耶律德光于京师。德光责道事晋无状，道不能对。又问何以来朝，对曰："无城无兵，安敢不来？"德光因诮之曰："尔是何等老子？"对曰："无才无德痴顽老子。"德光喜，以道为太傅。

○契，音乞。契丹主名德光。耶律，复姓。冯道，字可道。

陈蕃下榻，郅恽拒关。

汉陈蕃，字仲举。为豫章太守，性方峻，杜门谢客。徐孺子，名稚。蕃慕其贤，时为设一榻以礼之，去则悬之于壁。唐王勃《滕王阁序》"人杰地灵，徐孺下陈蕃之榻"是也。

○又乐安周璆，高洁之士。蕃每见之，字而不名，亦设一榻以待之。

汉郅恽，字君章，西平人。为上东门侯。光武尝出猎夜还，恽拒关不纳，乃从中东门入。明日，恽复上书谏，奏入，赐布百匹，而贬中东门侯为尉。

雪夜擒蔡，灯夕平蛮。

蔡州吴元济叛，李愬奉命讨之。愬名位素微，淮西人轻之，不为备。愬夜半乘雪袭蔡州。至悬弧城，城旁池多鹅鹜。愬令击之，以乱军声。遂擒元济，槛送京师。先是讨蔡久无功，惟裴度言淮西必可取，悉以兵事委之。故愬屯于鞠场以待度，具橐鞬出迎拜。度欲避，愬曰："蔡人不知上下之分，愿公示知，使知朝廷之尊。"

宋狄青，字汉臣。宣抚广西，时蛮虏侬智高守昆仑关。青至宾州，值上元大张灯火。首夜享将佐，次夜享众军官。次夜二鼓，青称疾辄起，令孙元规暂主席，数使劳坐客，至晓未敢退。忽报三鼓已破昆仑矣。

○韩世忠有秀州张灯破敌事。

郭家金穴，邓氏铜山。

汉郭况，光武郭后弟也。赏赐甚厚，累金数亿，时号金穴。错珍宝以饰台榭，悬明珠于四垂。昼视之如星，夜望之如日。故里语云：洛阳多钱郭氏室，夜日昼星富无匹。

汉邓通，以棹船为黄头郎。文帝梦上天，有黄头郎推上，见其衣尻带后穿，觉而之渐台。见通衣后穿，宠幸之。使相者相通，当贫饿死。帝曰："能富通者，我也。何谓贫乎？"于是赐以蜀严道铜山，得自鼓铸。邓氏钱遂布天下，官至上大夫。后景帝立，怨通，因失家产，竟寄死人家。

〇尻，考平声，脊梁尽处也。

比干受策，杨宝掌环。

汉何比干，字少卿。武帝时为廷尉，治尚仁恕，活者数千人。一日，有老妪造门，曰："公先世有功德，及公又治狱，多平反。今天赐策，以广公后。"因出怀中策九十九枚，曰："子孙佩印者如此算。"

〇反，音翻。《汉书》：录囚平反之，谓活罪人也。

汉杨宝，华阴人。性慈爱，方九岁，至华阴山北，见一雀为鸱鸮所搏，坠地，蝼蚁攒之。宝怀归，置巾箬中，饵以黄花。百余日，雀愈，朝去暮来。忽一夕，变为黄衣童子，以白玉环四枚与宝，曰："善掌此环，使君子孙洁白，累世三公，当如此环。"光武封为靖节先生。子震，孙炳，曾孙赐，元孙彪，俱贵显，符其数。

晏婴能俭，苏轼为悭。

晏婴相齐，节俭力行，食不重肉，妾不衣帛。祀先人，豚肩不掩豆，一狐裘三十年，人以为陋，而晏子自若。

〇又景公饮酒，陈桓子请浮晏子，以其弊车驽马而朝，为隐君之赐。晏子辞而后饮，曰："非臣之罪也。臣以君之赐，父党无不乘车者，母党无不足衣食者，妻党无冻馁者，国中待臣举火者数百家。如此为隐君之赐乎！"公曰："善。"

宋苏轼与李公择书："仆行年五十，始知作活大要是悭耳，而文以美名，谓之俭素。"故司马温公在洛为真率会，相约不得过五品。子瞻在黄州，复杀而为三，言此有三养：一曰安分以养福，二曰宽胃以养气，三曰省费以养财。

〇杀，音晒。

堂开洛水，社结香山。

宋文彦博，字宽夫。以太尉留守西都，慕白乐天九老会，乃集洛中公卿年高德劭者富弼、司马光等为耆英会，就资圣院建耆英堂。命闽人郑奂绘像堂中，合席汝言、王尚恭、赵丙、刘几、冯行己、楚建中、王慎言、张问、张焘、王君贶，共一十三人。

〇奂，音绰。

唐白居易，字乐天。晚年放意诗酒，与嵩山僧如满为空门友，平泉容韦楚为山水友，刘梦得为诗友，皇甫明之为酒友。又与胡杲、吉旼、张浑、刘真、郑据、卢真、狄兼谟、卢贞等年高不仕者，共结香山社，日为赋诗宴集，人争慕之，因绘为《香山九老图》，惟卢真年未七十，虽与会而不及列。

腊花齐放，春桂同攀。

唐武后天授二年腊，卿相欲诈称花发，请幸上苑，有所谋也。许之。寻疑有异图，乃遣使宣诏，云："明朝游上苑，火速报春知。花须连夜发，莫待晓风吹。"凌晨，名花布苑，群臣惊异，事乃寝。

明仪真蒋、王二公未遇时，元旦同游于庙。闻桂花香，游人杂沓，分趋左右树，二公各折得已开桂花一枝。众诧之。持花出门，群儿歌曰："一布政，一知府，掇高魁，花到手。"众问之，儿曰："信口戏耳！"二公同中正德戊辰进士。蒋名南金，官知府；王名大用，官至布政。

卷之三

一先

飞凫叶令，驾鹤缑仙。

汉王乔，河东人。明帝时为尚书郎，显宗时为叶令。汉法：畿内长吏，节、朔还朝。乔每自县来，帝怪其来数而不见车骑，令太史伺之。将至，见有双凫从南来。举罗张之，得二舄，乃四年中所赐尚书履也。后天下玉棺于堂前，乔沐浴寝其中而卒，百姓立祠祀之。

〇又：蜀人王乔得肉芝食之，仙去。叶音摄。叶县在今河南。

周灵王太子晋，一名泂，好吹笙，作凤鸣，游于伊洛之间，道士浮邱公接之上嵩山。三十余年后见桓良，谓曰："可告我家：七月七日候我于缑氏山巅。"至期，果乘白鹤驻山头，可望不可即，俯首谢时人，数日方去。因立祠祀之。或称王子乔。

刘晨采药，茂叔观莲。

汉刘晨，剡溪人，永平中与阮肇入天台采药。路迷粮尽，望山头有桃，共取食之。下山见渡口流出一杯，有胡麻饭屑。因度山，遇二女子，便唤刘、阮姓氏，因邀还家，一切精丽。俄有群女各持三五桃，笑云："贺汝婿来。"遂行夫妇礼。居半载，辞归，诸仙作歌送之。至家，已传十世。晋太康八年，忽失所在。

○曹唐有诗咏其事。

宋周敦颐，别号濂溪，道州人。性喜莲，每当盛开，辄往观之。久，因作《爱莲说》，有云："香远益清，亭亭净植，可远观而不可亵玩焉。"又云："莲，花之君子者也。"皆寓意深远。公之生平，可于此想见。黄山谷曰："茂叔人品甚高，胸中洒落，如光风霁月。"

阳公麾日，武乙射天。

《淮南子》曰：鲁阳公与韩构难，战酣日暮，援戈而麾之，日为之反三舍。全性保真，不亏其身，遭急逼难，精通于天也。

○又：虞公与夏公战，日欲落，公以剑指日，日遂不落。

○麾，一作㧑。

殷王武乙无道，为偶人，谓之天神。与之博，令人为行，天神不胜，乃僇辱之。又为革囊盛血，仰射之，命曰射天。在位四祀，猎于河渭之间，暴雷震死。

○盛，音承。

唐宗三鉴，刘宠一钱。

唐魏徵卒，太宗悲恸，谓侍臣曰："以铜为鉴，可正衣冠；以古为鉴，可知兴替；以人为鉴，可明得失。朕尝保此三鉴，今魏徵逝，亡一鉴矣。"帝后登凌烟阁，观徵像，赋诗痛悼。封郑国公，谥文贞。

汉刘宠，字祖荣，会稽太守，征为将作监大匠。山阴五六老叟，各赍百钱为饯，泣曰："自明府下车以来，狗不夜吠，民不见吏。今闻当见弃去，故自扶奉送。"宠曰："吾政何能及公言耶？勤苦父老！"各选一大钱受之。出山阴界，投于江，后名其江为"钱清"，今有一钱太守庙。

○赍，音鸡。

叔武守国，李牧备边。

晋重耳出亡，曹、卫不礼。及反国，侵曹伐卫。卫人出成公于襄牛，以悦于晋。宁武子从。大夫元咺奉公弟叔武以受盟。或诉曰："立叔武矣。"咺子角从公，公使杀之。咺不废命，奉叔武以入守。晋人复成公，前驱射杀叔武，元咺奔诉于晋。公不胜，执归京师。鲁僖公请之。得释。

○咺，喧上声。

李牧，赵良将，常居代、雁门，备匈奴。日击牛享士，谨烽火，多间谍，虏入则急收保。赵王怒，使代之。虏来出战，辄不利。复用牧，如前者数岁，士皆愿决一战，遂张左右翼，大破之，虏由是十余年不敢犯边。又大破秦军，以功封武安君。

少翁致鬼，栾大求仙。

汉武李夫人卒，帝思念不已。方士齐人少翁言能致其神，乃夜张灯烛，设帷帐，陈酒肉，令帝居帷帐。遥见好女如夫人之貌，环幄帷而步，又不得就视。帝愈悲感，作诗，令乐府诸音家弦歌之。歌曰："是耶？非耶？立而望之，偏何姗姗其来迟！"

○姗，音三。

汉武帝以方士栾大为五利将军，尚公主。大见上言曰："臣尝往来海上，见安期、羡门之属，曰：黄金可成，河决可塞，不死之药可得，仙人可致也。"帝崇信之，使治装入海求其师。后坐诬罔腰斩。

○安期、羡门皆仙侣。栾，音鸾。

或臣曹操，猛相苻坚。

季汉荀彧，字文若，颍川人，淑之孙，何颙许以王佐之才。闻曹操有雄略，与从子攸往归之。操悦曰："吾子房也。"以为奋武司马，军中事悉以咨之。后董昭欲进操九锡，密以访彧。彧曰："君子爱人以德，不宜如此。"操憾之。彧偶病，操馈食，发之，空器也，遂饮药卒。

○攸从操征伐，奇策十二，操称为人之师表。

晋王猛，字景略，北海剧人。少贫贱，以鬻畚为业，遇异人于嵩山。桓温入关，猛被褐谒之，扪虱与谈世务，旁若无人。温曰："江东无卿比也。"乃署为军咨祭酒，欲与猛俱还，猛不就。寻因吕婆楼荐，相苻坚，坚自谓如玄德之遇孔明，秦遂以大。临终，劝勿以晋为图。坚不从，致取灭亡。

○畚，音本，盛土器。

汉家三杰，晋室七贤。

汉高祖置酒洛阳南宫，语诸将曰："运筹帷幄，决胜千里，吾不如子房；镇抚百姓，馈饷不绝。吾不如萧何；连师百万，战胜攻取，吾不如韩信。三者皆人杰，吾能用之，所以取天下。项羽一范增而不能用，所以为我擒也。"群臣悦服。

晋嵇康文辞壮丽，好言老庄，而尚奇任侠。魏嘉平中，与陈留阮籍、籍兄子咸、河内山涛、河南向秀、瑚琊王戎、沛人刘伶同居山阳，共为竹林之游，世号"竹林七贤"。然皆崇尚虚无，轻蔑礼法，纵酒昏酣，遗落世事。

○袁宏、戴逵为《七贤传》，孙统为之赞。

居易识字，童乌预玄。

唐白居易始生七月，即能展书，姆指之无二字，即能记认，百试不差。后官至刑部尚书，诗数千篇。尝置二妓：一名小蛮，善舞；一名樊素，善歌。公诗曰："樱桃樊素口，杨柳小蛮腰。"一女名金鸾，十岁写《北山移文》，公为买石刻之。后公卒，葬龙门山，四方过者必奠酒。冢前方丈之土，常成泥汴。

○姆，女师也。易，音异。

汉扬雄草《太玄》，或嘲以玄之尚白，雄解之，号曰《解嘲》；又有难其太深者，又解之，号《解难》。刘歆亦曰："空自苦！吾恐后人用覆酱瓿也。"雄笑而不应。惟桓谭以为必传。子乌，称神童。《法言》曰："吾家童乌，九岁预吾《玄》矣。"

○刘向《别录》云："扬信，字子乌，雄第二子。"又晋王彧之子绚，亦小字童乌。瓿，音剖。

黄琬对日，秦宓论天。

汉黄琬，字子琰，琼孙。建和元年正月日食，京师不见。琼为魏郡守，以状闻。太后诏问所食多少，琼思其对而未知所况。琬时七岁，在侧曰："何不言日食之余，如月之初？"琼大惊，即以其言应。后征拜少府，又为豫州牧。击平寇贼，威声大震，封阳泉乡侯。

〇琬，黄香曾孙。

季汉秦宓，字子敕，蜀人。吴使张温来聘，丞相亮同百官往饯，促宓至。温忽问曰："天有头乎？"宓曰："有。诗云：乃眷西顾。"又问："有耳乎？"曰："有。天高听卑。诗云：鹤鸣于九皋，声闻于天。"又问："有足乎？"曰："有。诗云：天步艰难。"又问："有姓乎？"曰："有。""何姓？"曰："姓刘。""何以知之？"曰："当今天子姓刘。"温大惊异之。

元龙湖海，司马山川。

汉陈登，字元龙，下邳人。许汜尝与刘玄德共论人物。汜曰："元龙湖海之士，豪气未除。"刘问故。汜曰："昔过下邳，见元龙无主客礼，自上大床卧，使客卧床下。"刘曰："君有国士名，而不留心救世，乃求田问舍，言无可采，是元龙所讳也。如我，自当卧百尺楼上，卧君于地下，何但上下床间哉！"

〇汜，音犯。

汉司马迁，字子长，太史谈之子，生于龙门。南游江淮，上会稽，探禹穴，窥九疑，浮沅湘，涉汶泗，讲业齐鲁，乡射邹峄，过梁楚以归。本初中为太史。后因李陵事受腐刑，乃绅石室金匮之书，作《史记》。

操诛吕布，膑杀庞涓。

季汉吕布，据下邳。曹操兵至下邳，攻布不下，用荀攸、郭嘉计，决泗沂之水灌之。月余，布将宋宪、魏续等举城降，擒布斩之，下邳遂属于魏。

〇下邳，本作邳国。秦置下邳县，即今之徐州府邳县。

孙膑，武子之后。庞涓谮于魏，刖之，遂以膑名。齐淳于髡使魏，以计载归，威王师之。魏伐赵，齐田忌用膑计，直捣大梁，解赵围。时涓为魏将，膑用减灶计诱之，度其夜当至马陵，白书大树云：庞涓死此树下。涓至。取火视之，万弩齐发，因自刭曰："遂成竖子之名！"

〇刖，音月。膑刖，膝盖之刑。膑，频上声。刭，紊上声。

羽救巨鹿，准策澶渊。

秦兵围赵巨鹿，项羽悉引兵渡河往救，皆沉船，破釜甑，烧庐舍，持三日粮，以示必死。九战，绝其甬道，杀苏角，虏王离。诸侯皆从壁上观。楚战士无不以一当百，呼声动天。诸侯军惴恐。项羽召见诸将，入辕无不膝行而前，莫敢仰视。由是羽为上将军，诸侯属焉。

〇甬，音勇，粮道也。壁，军垒临危之谓。

宋真宗朝，契丹大入。帝以问寇准，准曰："了此不过五日。"因决策请帝幸澶渊。及至南城，敌兵甚众。请驻跸以观军势。准独与高琼同议渡河。帝御北城楼，敌薄城下，诸士卒迎击之，斩获大半。帝还行宫。准居城上，与杨亿饮博欢歌。帝闻，喜曰："准如此，吾复何忧！"寻射杀统军挞览，敌因请盟。帝遣曹利用往议，岁币三十万。

应融丸药，阁敞还钱。

汉应融为汲县令。时祝恬被徵，道得瘟病，过其友邺令谢著，著拒之。至汲，诸生因往语融。融曰："伯休，不世英才，当为国家干辅，何有默止客舍，邂逅不自贞哉！"即相随入传，亲为恬御，手自丸药，且制送终之具。恬病稍减，相对悲喜。凡止传中数十日，俟强健复故，乃别。

○伯休，恬字。

汉阁敞，字子张，为郡五官掾。太守第五尝被徵，以俸钱百三十万寄敞，敞埋置堂上。后尝举家病死，惟孤孙方九岁，闻尝说有钱三十万寄敞。及长，求之。敞一见悲喜不胜，即取钱还之。孙曰："祖惟言三十万，无百三十万。"敞曰："府君病困谬言耳，郎君勿疑！"

○第五，复姓。

范居让水，吴饮贪泉。

南北朝范柏年初见宋明帝，因言及广州有贪泉。帝闻卿州有此水否，对曰："梁州惟有文川武乡、廉泉让水。"又问卿宅在何处，曰："臣所居在廉、让之间。"帝善之，授梁州刺史。

○又：陆慧晓与张融并宅，其间有池，池上有柳。何点曰："此泉便是醴泉，此木便是交让。"

晋吴隐之，字处默，介立有清操。与韩康伯邻。康伯母曰："汝居铨衡，必举如此辈人。"后为广州刺史，州二十里地名曰石门，有贪泉，饮者怀无厌之欲。乃酌泉饮之，赋诗曰："古人云此水，一歃怀千金。试使夷齐饮，终当不易心。"在州清操愈厉。及归，夫人刘氏赍沉香一斤。隐之见之，投于湘亭之水。

○歃，音察。

薛逢羸马，刘胜寒蝉。

唐薛逢，字陶臣，会昌中登进士，迁巴州刺史。民歌其德曰："日出而耕，日入而归。吏不到门，夜不掩扉。有孩有童，愿以名垂。何以字之？薛孙薛儿。"晚年厄于宦途，策羸马赴朝。值新进士出游，团司挥曰："回避新郎君！"逢曰："报道莫贫相！阿婆三五少年时，也曾东涂西抹来。"

汉杜密，字周甫，登封人。为北海相罢归，每谒守令，多所陈托。同郡刘胜，亦自蜀还，独闭门扫轨，无所干预。太守王昱谓密曰："刘季陵高士。"密知讽己，对曰："胜位列大夫，而知善不荐，闻恶无言，隐情惜己，自同寒蝉，此罪人也。"昱惭谢。党事起，密与李膺同坐。

○季陵，胜字。

捉刀曹操，拂矢贾坚。

季汉崔琰，字季珪，武胜人。声姿高畅，眉目疏朗，须长四尺。魏武将见匈奴使，自以形陋不足威远，乃使琰代，操自捉刀立床头。既毕，令间谍问曰："魏王何如？"匈奴使答曰："魏王雅望非常，然床头捉刀人乃真英雄也。"操令追杀此使。

○琰，音掩。

南北朝贾坚仕燕，弯弓三石余。烈祖以其善射，亲视之。乃取一牛置百步上，召坚曰："能中之乎？"坚曰："少壮之时能不中，今年老，正可中之。"恪大笑。射发，一矢拂脊，再矢摩腹，皆附肤落毛，上下如一。恪曰："复能中乎？"曰："所贵者不中耳，中之何难！"时年已六十余。

○恪，烈祖名。

晦肯负国，质愿亲贤。

唐徐晦与杨凭善。李夷简弹凭，贬临贺尉，亲友无敢送者，晦独至蓝田与别。权德舆谓之曰："毋乃为累乎！"对曰："晦自布衣蒙杨公知奖，今日远谪，安得不与之别！"数日，夷简奏为御史。晦谢曰："平生未奉颜色，公何从而取之？"夷简曰："君不负杨临贺，肯负国乎！"

宋范希文贬饶州，举朝莫敢相送，王质独扶病饯于国门。大臣让之曰："君何自陷朋党？"质曰："范公天下贤者，质何敢望之！若得为范公党人，公之赐质厚矣。"九江王阮每云："听景文论古，始读郦道元《水经注》，名山大川，贯串周悉，咳唾皆成珠玑。"

○景文，质字。

罗友逢鬼，潘谷称仙。

晋罗友，字它人，襄阳人。少有志气，博学能文。会有得郡者，桓温集僚佐饯之。友后至，温问之。友曰："中途逢鬼揶揄云：只见汝送人作郡，不见人送汝作郡。"温因表为襄阳太守。

○挪揄，举手相弄也。友从桓温平蜀，按行城阙，观宇内外道陌广狭，植种果木多少，皆能默记无遗。助温以达简文。

宋潘谷精墨法。黄山谷尝以锦囊贮其墨半丸。后饮酒三日，发狂赴枯井死。人下视之，趺坐其中，体背柔软，疑其解化，手尚持念珠也，因多图其像。坡公有"一朝入海寻李白，空看人间画墨仙"之句，盖言其为墨隐也。

茂弘练服，子敬青毡。

晋王导，字茂弘，善于因事运机。初过江时，帑藏空虚，惟有练数千端，鬻之不售，而国用不给。导患之，乃与朝贤俱制练布单衣。于是士人竞翕然服之，练遂踊贵。乃令主者出卖，端至一金，其为时所慕如此。

○帑，音倘，金帛藏也。练，所莅切。绤，葛也，作练非。

○后汉祢衡着练巾。

凡居教地者，坐青毡。晋王献之，字子敬，夜卧斋中。偷入其室，盗物都尽。子敬徐曰："偷儿！青毡我家旧物，可特置之。"

○子敬，小字官奴，羲之尝呼为七郎。

王奇雁字，韩浦鸾笺。

宋王奇，赣县人。少为县吏。令题雁字诗于屏，云："只只衔芦背晓霜，昼随鸳鹭入寒塘。"奇密续云："晚来渔棹惊飞去，书破遥天字一行。"令奇之，因激使学。后游京师，真宗偶见其诗，召见赐第。奇作诗云："不拜春官与座主，愿逢天子作门生。"官至侍御史。

〇赣，音绀。

五代韩浦，与弟洎俱有词学。洎尝轻浦曰："吾兄为文，绳枢草舍，庇风雨而已。吾之文，是造五凤楼手。"浦闻之，因人遗蜀笺，题诗寄洎。曰："十样鸾笺出益州，新来寄至浣溪头。老兄得此全无用，助汝添修五凤楼。"

〇浦，宋初举进士，官至郎中。

〇梁周翰有《五凤楼赋》，乃东京也。洎，音忌。

安之画地，德裕筹边。

唐严安之为治严肃。玄宗尝赐酺三日，御五凤楼，观者喧溢，乐不得奏。金吾白梃如雨，不能止。上患之。高力士奏河南丞严安之为理严，请使止之。安之至，以手板画地，曰："犯此者死。"于是三日指其画以相戒，无敢逾者。

〇酺，音蒲，饮酒作乐也。汉禁不得群饮，赐酺乃得聚会饮食。唐无禁而亦赐酺者，高年得赐酒面。

唐李德裕罢相，出为西川节度使，乃于成都府西建筹边楼。按山川险要，南道与蛮人相接者图之左，西道与吐蕃相接者图之右。后德裕闲居，有平泉别墅，为游憩之所，花石园池殊异。内有醒酒石，醉卧则醒。

平原十日，苏章二天。

秦昭王闻魏齐在平原君所，必欲为范雎报仇，乃遗书平原君，曰："寡人闻君高义，愿与为布衣之友。君幸过寡人，寡人与君为十日之饮。"平原君畏秦,且以为然而入见。昭王与饮数日,因索魏齐。

汉苏章为冀州刺史,有故人任清河太守。章行其部,按其奸赃。太守为设酒肴,陈平生之好,曰:"人皆有一天,我独有二天。"章曰:"今日苏孺文与故人饮者,私恩也;明日冀州刺史案事者,公法也。"遂正其罪,州境肃然。

○孺文,章字。

徐勉风月,弃疾云烟。

南北朝徐勉,字修仁,六岁能为祈霁文,见称耆宿。宗人徐孝嗣曰:"此人中骐骥,必能致千里。"后仕梁为吏部尚书。尝与门人夜坐,有虞暠求詹事五官。勉正色曰:"今夕只可谈风月,不宜及公事。"累官至仆射中书令。尝曰:"人遗子孙以财,我遗子孙以清白。"卒谥简肃。

宋辛弃疾,字幼安。理宗朝拥节钺,奉身勇退,因以家事付儿曹。作《西江月》云:"万事云烟已过,一身蒲柳先衰。而今何事最相宜?宜醉宜游宜睡。早起催科了办,更量出入收支。乃翁依旧管些儿:管竹管山管水。"所著有《稼轩集》,自号稼轩居士。工词,与苏轼并称,谥忠敏。

○衰,如字。

舜钦斗酒,法主蒲鞯。

宋苏舜钦,字子美。诗歌豪放,与梅圣俞齐名。好饮酒,读书外舅杜祁公家。每夕饮酒,以斗为率。一夕,公密视之。读

《汉书》至"良与客狙击始皇",抚案曰:"惜乎击之不中!"遂满饮一大白。及至"始臣起下邳,与上会留,此天以臣授陛下",又抚案曰:"君臣相遇,其难如此!"复举一大白。公笑曰:"有如此下酒物,一斗不足多也。"

唐李密,字法主。才兼文武,志气雄远。微时,乘一黄牛,被一蒲鞯,牛角上挂《汉书》一帙。一手捉靷,一手翻书。越公杨素遇之,问何处书生,耽学若此。密下牛再拜,自言姓名。又问何书,答曰:"项羽传。"公与语,奇之,顾玄感曰:"汝等不如也。"后玄感起兵,以为谋主。寻归唐,封邢国公。

〇帙,音侄。玄感,素子。

绕朝赠策,苻卤投鞭。

周绕朝,秦大夫。晋士会奔秦,晋人忌秦用士会,乃使魏寿余伪归秦,以诱士会。秦使士会如魏师,绕朝谏不听。士会行,朝赠之以策,曰:"子无谓秦无人,吾谋适不用也。"既济,魏人噪,以士会还。

〇杜预以策为马挝,服虔解策为策书,义较确当。绕朝后以漏言而诛,见《韩非子》。

苻坚北定九州,将大举南伐。苻融等咸谏止之。不听,曰:"吾百万之众,投鞭于江,足断其流,何险之足恃!"至淝水,为谢玄等所败。

〇卤,音鲁。坚祖父蒲洪,以"草付王"之谶,改姓为苻。坚字永固,武都氐人,小字肩头。

豫让吞炭，苏武餐毡。

赵襄子杀智伯。漆其头为酒器。其臣豫让，挟匕首入襄子宫中涂厕，以刺襄子，被获，义释之。遂漆身为癞，吞炭为哑，行乞于市。一日，伏桥下复图之。襄子马惊，搜获。责曰："子尝事范、中行，智伯灭之，不报仇何？"让曰："中行氏众人遇我，我故众人报之；智伯国士遇我，我故国士报之。"因请襄子衣，拔剑三跃击之。伏剑而死。

汉苏武，字子卿。天汉初为中郎将，使匈奴，被留。使卫律说降，不屈。置阴山大窟中，啮雪餐毡，杖节牧羝。匈奴誓羝乳乃得归。寻，复使李陵说降，不屈。羁漠北十九年始还，拜典属国。宣帝立，赐爵关内侯，图形麒麟阁。

○啮，音孽。羝，牡羊。

金台招士，玉署贮贤。

燕昭王欲招贤以自强。郭隗曰："昔有求千里马者，赍千金往。马已死，五百金买其骨。不期年，千里之马至者三。大王招贤，先从隗始。贤于隗者，岂远千里哉！"王乃筑黄金台，师事之。乐毅、邹衍、剧辛闻风而至。

○黄金台在易水东南。

宋苏易简，字太简。才思敏赡。太宗时进士第一，累官翰林学士承旨。上飞白书"玉堂之署"四字，赐之，曰："美卿居清华之地也。"一日赐酒，上曰："君臣千载会"，对曰："忠孝一生心"。上喜，尽以席上金器赐之。

○宋周之麟为学士，高宗亦书"玉堂"二字赐之。故称翰林为玉堂。

宋臣宗泽，汉使张骞。

宋宗泽，字汝霖，义乌人。有文武才。李纲荐为东京留守，大败金师，十三战皆捷。金人惮之，对南人言必称宗爷爷。后为汪伯彦、黄潜善所沮，愤死。叹曰："出师未捷身先死，长使英雄泪满襟。"呼渡河杀贼者三，无一语及家事。墓在京口岘山，谥忠简。

汉张骞，武帝时为郎，使西域。至大宛，得葡萄种，一名马乳，一名黑水晶。国人以酿酒，十年不败。至大夏，得邛竹。留西域十余年。元朔中，击匈奴，封博望侯。

〇《汉书》载骞穷河源，实无犯斗牛、得支机石事。此另是一人，见《博物志》。

胡姬人种，名妓书仙。

晋阮咸，字仲容。先幸姑家鲜卑婢。及居母丧，姑当远移，初云当留婢。既发，遂将去。仲容借客驴，着重服自追之。累骑而返，曰："人种不可失。"即遥集之母也。

〇遥集，阮孚字。孚别传云："咸与姑书曰：'胡婢遂生胡儿。'姑答书曰：'《鲁灵光殿赋》曰：胡人遥集于上楹。可字曰遥集。'"

长安中，有妓女名曹文姬，尤工翰墨，为关中第一，号曰书仙。见《丽情集》。

〇魏夫人曰："学书者执笔为先。真书者一寸三分，行草书三寸一分，执之下笔，点画波撇屈曲，皆须尽一身之力送之。"

二萧

滕王蛱蝶，摩诘芭蕉。

唐滕王元婴，善画蛱蝶。王建宫词云："内中数日无呼唤，拓得滕王蛱蝶图。"刘鲁封尝见其图，有江夏斑、大海眼、小海眼、村里来、菜花子诸品。其嗣王湛然亦善花鸟。

〇元婴，高祖子，曾为洪州刺史，后封滕王。蛱，音劫。

唐王维，字摩诘，善画，然不问四时。尝以桃、李、芙蓉、莲花同画。画《袁安卧雪图》，有雪里芭蕉，乃得心应手，意到笔随，自成妙品。

却衣师道，投笔班超。

宋陈师道，字无己，彭城人。与赵挺之皆郭大夫婿。陈在馆职，当侍祠郊坛，非重裘不能御寒。无己止一裘，其内子于挺之家假一裘衣之。无己诘所从来，内子以实告。无己曰："汝岂不知我不着渠家衣耶！"是夜遂忍冻，病卒。

〇无己家酷贫，傅尧俞尝怀金赠之，见其词色，不敢出。诗平淡雅奥，自成一家。

汉班固召诣校书郎，弟超与母随至洛阳。超居贫，尝为官佣书供养，久劳苦。因投笔叹曰："大丈夫无他志略，犹当效傅介子、张骞立功异域，以取封侯，安能久事笔砚间乎！"左右笑之。超曰："小子安知壮士之志哉！"相者曰："虎头燕颔，飞而食肉万里，封侯相也。"后果以平西域功，封定远侯。

冯官五代，季相三朝。

五代冯道，字可道。始事唐庄宗，为翰林学士，寻复历事四姓二十八君，俱为相。自号长乐老子，著书数万言，陈己更事四姓及契丹所得阶勋官爵以为荣。人以叛国无耻鄙之。又耶律德光问道，曰："尔是何等老子？"道曰："无才无德痴顽老子。"后封瀛王卒。长乐，地名。

季文子名行父，鲁之元卿，历相宣、成、襄三公。逐莒仆，作丘甲，归汶阳之田。襄公五年卒，家无衣帛之妾。食粟之马，无藏金玉，无重器备，宰庀家器为葬具。君子是以知文子忠于公室也。

○丘甲，丘出一甲益兵也。庀，具也，披上声。

刘蕡下第，卢肇夺标。

唐刘蕡，字去华。文宗朝对策，极诋宦寺，考官冯宿等皆叹服而不敢收。李邰曰："刘蕡下第，我辈登科。能不厚颜！"乃上疏言："蕡所对，臣实不及，乞回臣所授以旌蕡直。"不报。

○邰，音台，或作郃，误。蕡，音焚。

唐卢肇，宜春人，与黄颇同举。郡守独饯颇，不及肇。明年，肇状元及第归。太守请观竞渡，肇为诗云："向道是龙人不信，果然夺得锦标归。"见《唐诗纪事》。

○肇为李文饶所知，王文懿公知贡举，因取之以作状头，所试《天河赋》，一时传诵。又进《海潮赋》，敕宣付史馆。

陵甘降虏，蠋耻臣昭。

汉李陵，李广孙。武帝朝拜骑都尉，将步兵五千，与匈奴遇于浚稽山，击败之。单于欲引去，军候管敢具言："陵兵无后援，矢且尽。"单于遂引兵遮道，矢如雨下，陵力尽乃降。事闻，上怒，族之。

○单，音蝉。匈奴自谓其广大象天，故称单于。

王蠋，齐画邑人。谏湣王不听，退耕于野。燕昭王使乐毅破齐。毅闻蠋贤，令军中环画邑三十里无入，备礼请蠋。蠋谢不往，燕人曰："不来，吾且屠邑。"蠋曰："忠臣不事二主，烈女不更二夫。今国破君亡，吾何以存！"遂自刭死。乐毅封表其墓而去。

隆贫晒腹，潜懒折腰。

晋郝隆，字佐治。七月七日，富室毕晒衣，隆独仰卧日中。人问其故，曰："晒吾腹中书耳。"后仕桓温为蛮府参军。三月三日宴会，隆不能诗，仅作一句："娵隅跃清池。"桓公曰："何为作蛮语？"隆曰："千里投公，始得蛮府参军，那得不作蛮语！"

○娵，音苴，蛮名鱼娵隅。

晋陶潜，字元亮，为彭泽令，在官八十余日。吏报郡遣督邮至，应束带见之。潜曰："我岂能为五斗米折腰向乡里小儿！"即日解印绶去，赋《归去来》，自号"五柳先生"以自况。后颜延年私谥为靖节徵士。

〇潜，原名渊明，入宋改名潜。唐避高祖讳，又易渊为泉，故或称泉明云。

韦绶蜀锦，元载鲛绡。

唐韦绶，万年人。在翰林，德宗尝至其院，韦妃从幸。会绶方寝，学士郑絪欲驰告，帝不许。时适大寒，帝以妃蜀缬锦袍覆之而去。弟贯之在宪宗朝，贯之子澳在宣宗朝，澳子庠在僖宗朝，庠弟郊在昭宗朝，三世五人，俱翰林学士。

唐元载，芸晖堂户牖内设紫绡帐，得于南海，即鲛绡之类。轻疏而薄，无所障碍，虽凝冬而风不能入，盛暑则凉自生，其色隐隐然。或不知其为帐，谓卧内紫气之光而已。

〇南海有鲛人，居水室，织绡售之于市，去则泣珠以谢主人。

〇鲛，音交。绡，音宵。

捧檄毛义，绝裾温峤。

汉毛义，庐江郡人。家贫，以孝行称。南阳张奉慕其名，往候之。坐定而府檄适至，以义为安阳令。义捧檄而入，喜动颜色，奉心薄之。及义母死，去官行服。后举贤良，公车屡徵不至。奉叹曰："贤者固不可测！往日之喜，乃为亲屈也。"

〇庐江郡，即今安庆府，今之庐江县袭其名，遂误以义为其县人。

晋温峤，谥忠武。博学能文，丰仪秀整。为刘琨右司马，奉表诣建康。其母崔氏固止之，峤绝裾而行。既至，屡求返命，帝不许。后母卒，因阻乱不得奔丧，终身以为恨。议者谓峤急于功名之会，不知天性之恩。峤恐无辞矣。

○峤，山岹高也，啸韵同。

郑虔贮柿，怀素种蕉。

唐郑虔，字弱齐。玄宗朝置广文馆，上爱其才，以为博士。居官贫约，淡如也。微时好书，苦无纸，尝于慈恩寺前扫柿树落叶，贮至数屋。日为隶书，久之殆遍。

○又晋王育折蒲学书，徐伯珍以箬叶学书，俱究经史。

唐僧怀素，善草书，居零陵东郊。贫无纸，常于所居种芭蕉数万，取叶代纸，以供挥洒。号其所曰"绿天庵"，曰"种纸"。后道州刺史追作《绿天铭》。太白《草书行》："少年上人号怀素，草书天下称独步。"又云："吾即醉后倚绳床，须臾扫书数千张。"又："恍惚如闻神鬼惊，时时只见龙蛇走。"皆道其实。

延祖鹤立，茂弘龙超。

晋嵇绍，字延祖，康之子。或谓王戎曰："昨于众中见绍，昂昂若野鹤立在鸡群。"戎曰："君未见其父耳。"官侍中，会河间王举兵，绍从惠帝临敌，侍卫皆奔溃，惟绍力战死，血溅帝衣。事定，左右请浣。帝曰："此嵇侍中血，何必更！"

○溅，音赞。

晋王导，小字阿龙，出将入相，戮力王室。元帝即位，进侍中、司空。桓廷尉彝作两髻，葛裙策杖，路边观之，叹曰："人言阿龙超，阿龙故自超。"遂不觉至台门矣。

悬鱼羊续，留犊时苗。

汉羊续，字兴祖，以功臣后累官庐江太守。清介自持。府丞尝馈生鱼，续受而悬之。后复进，续出前鱼示之，以杜其意。或以为河南南阳事，误。

〇又有遗公仪休鱼者，休不受。答曰："闻君嗜鱼，何故不受？"休曰："以嗜鱼故不受。为相能自给鱼，受鱼而免，谁复给我者！"

季汉时苗，建安中为寿春令。驾车黄牸牛，岁余产一犊。及去任，谓主簿曰："令来时本无此犊也，犊是淮南所生者。"群吏曰："六畜不识父，自宜随母。"苗不听，竟留之而去。

〇又：宋凌冲令含山留砚，意同。

贵妃捧砚，弄玉吹箫。

唐玄宗坐沉香亭，时牡丹盛开，意有所感，召供奉李白为乐章。时白已大醉，水颒其面，醉稍解。帝使贵妃杨玉环为之捧砚，白援笔立成《清平调》三章，婉丽精切。帝爱其才，令梨园子弟促歌，帝自调玉笛以倚曲。

〇颒，音悔。

箫史善吹箫，作凤鸣。秦穆公以女弄玉妻之。遂居凤楼，教弄玉吹箫。后弄玉乘凤，箫史乘龙，共飞升而去。今陕西宝鸡县有凤女台，乃其遗迹。

三肴

栾巴救火，许逊除蛟。

汉栾巴，字叔元，成都人。桓帝朝，四迁桂阳太守。有道术，能役鬼神。帝正旦大会群臣，赐酒不饮，忽含酒西噀。有司劾巴不敬，巴云："臣本县城东有火患，故噀酒救之。"数日，成都果奏火灾，云是日有雨从东北来，火息，有酒气。

○噀，音巽。又郭县噀酒救齐国火，佛图澄噀酒救幽州火。

唐许逊，字敬之，母梦金凤衔珠堕掌而生，从吴猛得秘法。太康初为旌阳令，弃官东归，遇谌母，传以道术，遂斩蛇诛蛟，悉除民患。虑豫章为蛟螭所穴，乃于牙城南井，祷铁为柱，下施八索，镇锁地脉，自是水妖屏迹。至宁康二年一百三十岁，举家同时上升，鸡犬亦随飞去。宋封神功妙济真君。

诗穷五际，易布三爻。

《汉书·翼奉传》："《易》有阴阳，《诗》有五际，《春秋》有灾异，皆列终始，推得失，考天心，以言王道之安危。"按《韩诗内传》："五际：卯、酉、午、戌、亥也。阴阳终始际会之际，于此则有改变之形。"又《诗纬·汎历枢》："午亥之际为革命；卯酉之际为改正；辰在天门，出入候听。卯天保也，酉祈父也，午采芑也，亥大明也。"

三国吴虞翻，字仲翔，会稽余姚人。翻初立《易注》，奏上曰："臣郡吏陈桃梦臣与道士相遇，放发披鹿裘，布《易》六爻，挠其三以饮臣，臣乞尽吞之。道士言：《易》道在天，三爻足矣。岂臣受命应当知经！"以所著《易注》示孔融。融答曰："闻延陵之理乐，吾子之治《易》，乃知东南之美，非徒会稽之竹箭也。"又为《老子》、《论语》、《国语》训注，皆传世。

清时安石，奇计居鄛。

晋谢安，字安石，尚从弟也。始有东山之志，寓居会稽，与王羲之及高阳许询、桑门支遁游处，出则渔弋山水、入则言咏属文。虽受朝寄，然东山之志始末不渝，每形于言色。王俭尝曰："江左风流宰相，唯有谢安石。"

〇又：唐有韦安石，宋有王安石。

范增，居鄛县人，年七十余，居家有奇计，说项梁立楚后。时楚怀王孙心为民间牧羊，梁立之。后事项羽，羽尊为亚父，以为谋主。陈平为高祖行间，羽疑，增遂乞骸骨归，疽发背死。

〇按：居鄛即今皖省之巢县。居鄛亦作居巢。今其地有增故宅，又有亚父井。

湖循莺脰，泉访虎跑。

苏州一郡最巨者为太湖。又有石湖，在吴江盘门外。女坟湖、澹台湖俱在吴县。昆湖、尚湖俱在常熟南北。外有莺脰湖，在震泽西南，以其形似莺脰，故名。

〇《越绝书》：太湖周回三万六千顷，亦曰五湖。

杭州大慈山，去清波门西南十里，唐元和间建定慧寺于此。寺有虎跑泉。金华宋濂叙云："唐元和十四年，性空大师栖禅其中。寻以无水，将他之。忽神人告：'自师驻锡于此，我等微惠，奈何弃去！南岳有童子泉，当遣二虎来移。'翌日，乃见二虎跑山出泉，甘冽异常。"

○镇江府治南兽窟山招隐寺有虎跑、鹿跑二泉。

近游束皙，诡术尸佼。

晋束皙，字广微，阳平元城人。汉太傅疏广之后，因避乱徙居，改疏为束也。官著作郎。性沉退，不慕荣利，作《玄居释》以拟《客难》。张华见而奇之。又尝作《近游赋》。又：《远游》，楚词名，屈平作。皙俗误作皙。《客难》，汉扬雄作。

汉《艺文志》有《尸子》二十篇。尸子名佼，鲁人，秦相商鞅师之。

○韩愈《送孟东野序》云："孟轲、荀卿，以道鸣者也。邹衍、尸佼、孙武、张仪、苏秦之属，皆以其术鸣。"

翱狂晞发，嵇懒转胞。

宋谢翱，字皋羽，闽之福安人。元兵南下，文天祥由海至闽上，檄州郡勤王。翱倾家赴难，遂参军事。天祥被执，翱匿民间，隐于黄冠。工诗，筑汐社，与诸诗侣往来。有《晞发集》，自号晞发子。年四十七死，葬严陵钓台南岸。友人方凤建许剑亭于墓右。

晋嵇康，字叔夜，谯国铚人。其先姓奚，会稽上虞人，徙居铚之嵇山，因而命氏。康，长七尺八寸，所著有《养生论》，官中散大夫。山涛将去选官，举康自代。康与涛书，告绝曰："游山泽，亲鱼鸟，心甚乐之。一行作吏，此事便废，安能舍其所乐而从其所惧哉！"又云："每常小便，忍而不起，令胞中略转乃起耳。"康性懒，故如此。

西溪晏咏，北陇孔嘲。

海陵西溪盐场，宋晏文静殊官于此。手植牡丹一本，有诗刻石。后范文正亦尝临莅，复题一绝云："阳和不择地，海角亦逢春。忆得上林色，相看如故人。"后人以二公诗笔，故题咏极多，而花亦为人贵重，护以朱栏，不忍采折，岁久茂盛，枝覆数丈，每花开数百朵，为海滨之奇观。详见《渑水燕谈录》。

南齐孔稚珪，字德璋，山阴人，有《北山移文》。其辞曰："南岳献嘲，北陇腾笑。"《文选》五臣注云："周颙先隐都北钟山，后出为海盐令，欲过北山，孔稚珪乃假山灵意作文移之。"

〇按《齐书》：元徽中，颙出为剡令；建元中，为山阴令，未尝令海盐也。《选》注误。

民皆字郑，羌愿姓包。

魏郑浑，迁下蔡长、邵陵令。天下未定，俗皆剽轻，不念产殖，生子无以相活。浑所在夺其渔猎具，课使耕桑。又开稻田，重去子之法。民初畏罪，后稍丰裕，无不举赡；所育男女，多以"郑"为字。

〇唐阳城为道州刺史。州产侏儒，岁贡诸朝。城哀其所生离，无所进。帝使求之，城奏曰："州民尽短，若以贡，不知何者可供。"自此罢，州人感之。

宋包拯，字希仁，庐州合肥人。天圣五年举进士。立朝刚毅。西羌俞龙珂既归，朝吏阁门引见。谓押伴使曰："平生闻包中丞拯，朝廷忠臣。某既归汉，乞赐姓包。"神宗遂如其请，名顺。其后西河之役，极罄忠力。又公极言时事，复为京尹，令行禁止，天下皆呼包待制。市井小民及田野之人，凡见徇私者，皆指笑之。

骑鹏沈晦，射鸭孟郊。

唐李白有《骑鹏赋》。又何莲《春渚纪闻》云："沈晦梦骑大鹏，抟风而上，因作《大鹏赋》以纪其事，已而大魁天下。"

○《天中记》云："昆仑层期国大鹏，飞则蔽日，能食骆驼。人拾其翅，裁作水桶。"

○贾彪亦有《鹏赋》。阮修有《大鹏赞》。

《建康志》："射鸭堂在平陵城。元和初，县尉孟郊建。"按郊诗："不知竹枝弓，射鸭无是非。"因名。平陵，地名，属溧阳。郊调溧阳尉，县有投金濑。郊间往来水旁，裴回赋诗，曹务多废。

○杨万里诗："溧水孟东野，南昌梅子真。平生一少府，千载两高人。"

戴颙鼓吹，贾岛推敲。

晋戴颙，字仲若，谯郡人，逵子。春日携双柑斗酒，人问何之，曰："往听黄鹂声。此俗耳针砭，诗肠鼓吹，汝如之乎？"

○砭，石针刺病也。又孔稚珪为吏部尚书不乐，门庭内草莱不剪，中有群蛙鸣。或曰："欲为陈蕃乎？"稚珪曰："我以此当两部鼓吹，何必期效仲举！"

○又：郑遨以蛙为鼓吹长。

唐贾岛，字浪仙。初为浮屠，号无本，居法乾寺。喜苦吟。每跨驴不避公卿。尝自吟云："僧敲月下门。"又欲下"推"字。于驴上以手作推敲势，不觉冲至京兆尹韩愈第三节。左右拥至马前，诘之，岛以实对。愈曰："敲字佳。"与共论诗，遂为布衣交。令其改业，后举进士。

○岛又有骑驴吟诗冲大京兆刘栖楚事。

四豪

禹承虞舜，说相殷高。

夏大禹，姓姒，字高密，崇伯鲧之子，其母孕十四月而生于僰道之石纽乡。取涂山氏女甫四月，遂往治水。功成，因受舜禅而家天下。

○禹母暮夜获月精石如薏苡，吞之而生禹，故姓姒氏。僰音匐。石纽，在今四川石泉县。涂山有四，此属今之风阳府。

殷王高宗名武丁。傅岩在虞、虢之间。高宗时，道路为水所坏，使胥靡刑人筑之。傅说贫不自给，代为筑以供食。高宗梦上帝赍以良弼，乃审象旁求，得之版筑之间。与之语，果圣人，爰立作相。

○虞、虢，二国名。胥靡，囚徒也。蔡《传》：筑，居也。

作说居傅岩解，似胜。

韩侯敝袴，张禄绨袍。

韩昭侯有敝袴，命藏之。侍者曰："岂不赐左右？"昭侯曰："吾闻明主之爱，一颦一笑，颦有为颦，而笑有为笑。兹袴岂物颦笑已哉！吾必待有功者。"

○颦，音贫。袴，《急就篇》注：胫衣也。《释名》：袴，跨也。两股各跨别也。

范睢，魏人，副须贾使齐。齐厚礼之。贾疑睢以阴事告齐，言于相魏齐。笞击。佯死，置厕中，得出。改名张禄，说秦昭王，拜相。贾使秦，睢敝衣私见之。贾惊曰："范叔一寒至此！"赠以绨袍，不知其为相君也。因肉袒谢罪，叔曰："汝之得无死，以绨袍恋恋，犹有故人意耳。"乃释之，索魏齐。

○叔，睢字也。唐高适有诗咏其事。

相如题柱，韩愈焚膏。

汉司马相如，字长卿，成都人。将东游。成都城北十里有升仙桥，相如题其柱曰："不乘高车驷马，誓不过此桥也。"后果为中郎将，建节使蜀，太守以下郊迎，县令负弩前驱。

○相如故宅在益州笮桥北。

唐韩愈，七岁读书，日记数千言，比长不倦。为国子博士，尤贪多务得，焚膏油以继晷，经史百家皆搜抉无隐。宋苏轼为公作潮州庙碑，有云："匹夫而为百世师，一言而为天下法。"又云："文起八代之衰，道济天下之溺。"

〇晷，音轨，日影也。

捐生纪信，争死孔褒。

项羽围荥阳急，汉王无计可全。纪信请乘汉王黄幄车，传左蠹以诳楚，汉王得间走出成皋，信遂被焚。后立忠祐庙于顺庆，诰曰："以忠殉国，与君任难，实开汉业，使后世知君为重，身为轻，侯何有焉！"

〇蠹，音读。顺庆府在西蜀。纪信，广安人。

汉孔褒，孔子二十代孙。山阳张俭为侯览所怨，亡抵褒，不遇。褒弟融年十六，匿之。事泄，俭脱，收融及褒。融自谓当坐，褒曰："彼来投我，请甘罪。"乃问其母，母曰："家事任长，妾当其辜。"一门争死，上谳竟坐褒。

孔璋文伯，梦得诗豪。

汉张纮作《枎榴枕赋》，陈琳在北见之，示人曰："此吾乡张子纲所作。"后纮见陈琳《武库赋》、《应机论》，遗书美之。琳答曰："自仆在河北，与天下隔。此间率少于文章，易为雄伯，故使仆受此过善之誉。今景兴在此，足下与子布在彼，所谓小巫见大巫，神气尽矣。"

〇孔璋，琳字。景兴，王郎字。子布，张昭字。

唐刘禹锡，字梦得，彭城人。登进士博学宏词科，累官至太子宾客。晚年以文章自适，白居易推为诗豪。尝作《九日》诗，以五经无"糕"字，辍不复成。后宋子京诗云："飙馆轻霜拂曙袍，糗糍花饮斗分曹。刘郎不肯题糕字，空负诗中一世豪。"

盖讥之也。《周礼·笾人》："糗饵、粉糍"，即糕类。"不肯"，一作"不敢"。

马援矍铄，巢父清高。

汉马援，字文渊，茂陵人。少有大志。兄况曰："汝大才当晚成。良工不示人以朴，且从所好。"后事光武，为伏波将军。援尝谓宾客曰："丈夫立志，穷当益坚，老当益壮。"至年六十二，五溪蛮乱，援复请行。帝愍其老，不许。援披甲上马，据鞍顾盼，以示可用。帝笑曰："矍铄哉，是翁也！"遂遣之。进营壶头，失利，病卒，封新息侯。

巢父，尧时隐士，山居不营世利。年老，以树为巢，寝处其上，因号巢父。尧让以天下，巢父曰："君之牧天下，犹予之牧犊，无用天下为？"乃过清泠之水，自洗其耳，曰："向闻贪言，污吾耳也。"或云许由以清泠之水洗耳，巢父牵犊见之，不饮而去。

伯伦鸡肋，超宗凤毛。

晋刘伶，字伯伦，土木形骸，遨游一世，悠悠荡荡，无所用心。尝与俗士相牾，其人攘臂而起，必欲辱之。伶和其色曰："鸡肋岂足以当尊拳！"俗士遂废然而返。

○又：魏武伐蜀，至汉中不得进，欲弃之。发令曰：鸡肋。众不悟，杨修曰："弃之则可惜，啖之则无得。"魏武乃还。

南北朝谢凤，字超宗。好学，有文词。尝作殷淑仪诔，孝武嗟赏。谓谢庄曰："超宗殊有凤毛，灵运复出。"仕至宋义兴太守，坐公事免，诣东府自通。其日风寒，齐高帝谓四坐曰："此客至，使人不衣自暖。"

（编者注：此注有误。超宗当为谢超宗，陈郡阳夏人，南北朝宋著名的文人，生于宋文帝元嘉七年（430年）。元嘉九年（432年），因谢灵运受到诬陷，全家被贬谪到广州，当时谢超宗只有三岁。元嘉三十年（453年），父亲谢凤去世后，才得返回都城建康。勤奋好学，具有文才，盛得名誉，宋孝武帝大为赞赏："超宗殊有凤毛，灵运复出矣！"此为"凤毛麟角"之由来。）

服虔赁作，车胤重劳。

汉服虔，字子慎，将注《春秋》，欲参考同异。闻崔烈讲传，遂匿姓名，为烈门人赁作食。每讲窃听。既知不能逾己，稍共诸生叙其短长。烈疑为虔。次早，及未寤，便呼："子慎！子慎！"虔不觉，惊应，遂相与友善。先是，郑玄注《春秋》未竟，偶闻虔说，尽以付之，遂为服氏之注。

晋车胤，字武子。太元中，领国子博士，迁吏部尚书。孝武将讲《孝经》，谢公兄弟与诸人私庭讲习。武子苦问难，因谓袁羊曰："不问则德音有遗，多问则重劳二谢。"袁曰："必无此嫌。"车曰："何以知之？"袁曰："何尝见明镜疲于屡照，清流惮于惠风。"

张仪折竹，任末燃蒿。

周张仪与苏秦同师鬼谷子，以游说显名。二人微时尝为人佣书，遇圣人之文无题记，则以墨书掌内及股里。夜还，折竹写之，久而成帙。

〇鬼谷子，王诩也。

〇又：袁峻家贫无书，每从人假借，必皆钞写，日自课五十纸，纸数不登则不止。

宋任末，年十四便勤学。或依林木之下，编茅为庵，削荆为笔。夜则映月望星，暗则燃蒿自照。观书有合意，则题其衣裳及掌里，以记其事。门徒悦其勤学，更以净衣易之。

〇又：顾欢贫无以受业，常于学舍壁后倚听，无遗忘者。夕则燃松节读书，或燃糠以照。

〇按：《后汉书》亦有任末。

贺循冰玉，公瑾醇醪。

晋贺循，字彦先，山阴人，为吴内史，操尚清厉。建武初，拜太常，朝廷疑滞皆咨之。元帝渡江，宗庙制度皆循所定，为当世儒宗。宋帝曰："循冰清玉洁，位上卿而居室才蔽风雨。"赐六尺床荐席褥，并钱三十万。

〇又：元黄潜升朝挺立，足不登巨公之门，世称其清风高节，如冰壶玉尺，纤尘弗污。

季汉周瑜，字公瑾，庐江舒人。英达有文武才。程普颇以年长，数凌侮瑜。瑜折节容下，终不与校。普后乃告人曰："与公瑾交，如饮醇醪，不觉自醉。"初，孙坚徙家于舒，子策与瑜同年，独相友善。瑜推道南大宅以舍策，登堂拜母，有无通共，遂定计下江东。

庞公休畅，刘子高操。

汉庞德公与司马德操夹汉而居，望衡对宇，欢情自接。泛舟蹇裳，率尔休畅。一日，德操诣之。值德公渡沔，德操入其室，呼其妻子，使速为黍："徐元直向云，当来就我与德公谈。"妻子罗拜堂下，奔走供设。须臾，德公还，直入相就，不知何者是客。

南北朝刘讦与从兄歊及阮孝绪，各履高操，号为"三隐"。族祖孝标尝与之柬，云："讦超凡绝俗，如天半朱霞；歊矫矫出尘，如云中白鹤：皆歉岁之良稷，寒年之纤纩。"尝着鹿皮冠，被衲衣，游山泽，风神颖俊，意气弥远，遇者以为神仙。孝绪撰《高隐传》，篇中所载一百三十七人；歊、讦卒，乃益二传。

○歊，音鸮。

季札挂剑，吕虔赠刀。

周吴季札，虞仲十九世孙。兄诸樊让国于札，不受，封之延陵，号延陵季子。尝聘鲁，过徐。徐君好季子剑，口不敢言。札心知之，为使上国，不赠。及使还，至徐。徐君已死，解剑挂其冢树而去。从者曰："尚谁予乎？"季子曰："始吾以心许之，岂以死倍吾心哉！"

○挂剑台在泗州大徐城。

晋吕虔有佩刀，工相之，以为必登三公，可服此刀。因谓王祥曰："苟非其人，刀或为害。卿有公辅之量，聊以相赠。"祥固辞，强之乃受。后祥将死，以刀授弟览，曰："汝后必兴，足称此刀。"览后奕世多贤才，兴于江左，言卒有验。

○览，字元通。

来护卓荦，梁竦矜高。

隋来护儿，幼卓荦，读诗至"击鼓其镗，踊跃用兵"，"羔裘豹饰，孔武有力"，舍书叹曰："大丈夫当如是！会为国灭贼，以取功名，安能区区事笔砚乎！"仕为大都督，以平陈功，进位上开府，后屡击贼有功。进封荣国公。

○镗，音汤。

汉梁竦，字叔敬，生长京师，不乐本土。自负其才，郁郁不得意。尝登高望远，叹曰："大丈夫居世，生当封侯，死当庙食。如其不然，闲居可以养志，诗书足以自娱。州郡之职，徒劳人耳。"后辟命交至，并不就，著书名《七序》。班固曰："孔子作《春秋》而乱臣贼子惧，梁竦作《七序》而窃位素餐者惭。"后三子皆封侯。

壮心处仲，操行陈陶。

晋王敦，字处仲，为荆州刺史。每醉后，以铁如意敲唾壶，歌曰："老骥伏枥，志在千里；烈士暮年，壮心不已。"歌阕，壶口尽缺。

○唾，拖去声。四句系魏武乐府《龟虽寿》中语。

五代陈陶，操行高洁。郡守严撰欲试之，遣小妾莲花往试，陶竟夕不纳。妾献诗曰："莲花为号玉为腮，珍重尚书遣妾来；处士不生巫峡梦，空劳云雨下阳台。"陶答曰："近来诗思清如水，老去风情薄似云。已向升天得门户，锦衾深愧卓文君。"撰益重之。陶善诗，有"中原不是无麟凤，自是皇家结网疏"之句，人皆脍炙。

子荆爽迈，孝伯清操。

晋孙楚，字子荆，才藻卓绝，爽迈不群。少时欲隐，谓王武子，当枕石漱流，误云"吾欲漱石枕流"。王曰："流可枕，石可漱乎？"子荆曰："所以枕流，欲洗其耳；所以漱石，欲砺其齿。"后为石苞骠骑参军，自负才气，入见不拜，但长揖曰："天子命我参卿军事。"

晋王恭，字孝伯，清操过人，自负才地高华，恒有公辅之望。尝言："名士不必须奇才，但使常得无事，痛饮酒，熟读《离骚》，便可称名士。"恭美姿容，人目之曰："濯濯如春日柳。"尝在京口，被鹤氅涉雪而行。孟昶见而叹曰："真神仙中人！"

〇氅，音敞，鹙羽也。鹙，音秋，水鸟。

李订六逸，石与三豪。

唐李白，其先为蜀之彰明人。父为任城尉，遂家焉。因与孔巢父、陶沔、韩准、裴政、张叔明订交，居徂徕山，号"竹溪六逸"。白又与贺知章、李适之、李琎、崔宗之、苏晋、张旭、焦遂为"饮中八仙"，杜甫曾作歌纪之。

〇任城，今济宁州。琎，音津。

宋石延年，字曼卿，永城人。气节自豪，不务世事。工诗，其句有"乐意相关禽对语，生香不断玉交花"，为世所叹赏。徂徕作三豪诗，谓欧阳公豪于文，曼卿豪于诗，杜牧豪于歌也。

〇徂徕，即石介，号猷，字师雄，历阳人。

郑弘还箭，元性成刀。

汉郑弘，字巨君，山阴人。微时采薪白鹤山，得一遗箭。顷有人寻觅，弘与之。问弘所欲，曰："常患若耶溪载薪为难，愿得旦南风，暮北风。"果如愿，至今犹然，俗呼为"郑公风"。弘后官淮阴太守，勤行德化，随车致雨，白鹿方道，夹毂而行。主簿贺曰："三公车幡画作鹿，明府其为相乎！"寻拜太尉。

汉蒲元性，于斜谷口为孔明铸刀三千口。刀成，言汉水钝弱，不堪淬，蜀江爽烈，是大金之元精，可命取之。水至，蒲以淬刀。言："杂涪水不能用。"使者捍言不杂，蒲以刀画水。言："杂八升。"使叩头。言："于涪津覆水，果益八升。"因易淬之。以竹筒盛满铁珠，举刀斫之，应手虚落，名曰神刀。

○淬，音翠。

刘殷七业，何点三高。

晋刘殷，字长盛，仕至刘聪太保。性至孝，曾祖母王氏，盛冬思堇食。殷方九岁，往泽中恸哭，堇忽生，得斛余。又尝梦神人谓，西篱下有粟。掘之，果得十五钟，铭曰："七年粟百石赐孝子。"刘殷有七子，五子受五经，一子授《史记》，一子授《汉书》。一门之内，七业俱兴。北州之学，殷门为盛。

○堇，音谨，根如荠，食之味甘。

南北朝何点，灊人，字子皙。明目秀眉，不簪不带，时人重其通，号曰"游侠处士"。宋、齐累征不起。梁武召至华林园，不屈，辞疾归。兄求，弟胤，皆隐遁不仕，世谓"何氏三高"。

○又世号点为"大山"，胤为"小山"，求为"东山"。求字子有，胤字子季。潜山有三高亭。

五歌

二使入蜀，五老游河。

汉李郃，知天文，通五经。和帝遣二使入蜀观风俗。向益州，宿候舍。郃时为候吏，因问曰："君来时，可知二使何时发？"二人惊问："何以知之？"郃曰："有二使星临益部，故知之。"

○郃，音合。

《论语谶》八卷，载仲尼云："吾闻帝尧率舜等游首山，观河渚。有五老游于河渚。一曰：'河图将来告帝期。'二曰：'河图将来告帝谋。'三曰：'河图将来告帝书。'四曰：'河图将来告帝图。'五曰：'河图将来告帝符。'有顷，赤龙衔玉苞，舒图刻板，题命可卷，金泥玉检，封盛书威。曰：'知我者重童也。'五老乃为流星，入土、昴之间。"

孙登坐啸，谭峭行歌。

季汉孙登，字公和，隐汲郡北山土窟，夏编草为裳，冬散发自覆。好读《易》，抚一弦琴。人或投诸水，以观其怒。登出，独大笑。尝谓嵇康才高识寡，难乎免于今之世矣。后栖苏门山，阮籍诣之，登相对不答，籍对之长啸，终不答，意尽而返。行至半岭，闻有声如凤鸾鸣，林谷传响，则登独啸也。籍因作《大人先生论》。

唐谭峭，字景升，幼聪敏，文史涉目无遗。坚心学仙，每行吟曰："线作长江扇作天，靸鞋抛在海东边。蓬莱信道无多路，只在谭生拄杖前。"后居南岳，丹成服之，入水不濡，入火不灼。夏则衣乌裘，冬则衣绿衫，或卧风雪中。后入青城山仙去。所著有《化书》，南唐宋齐邱窃其名，攘为己作以行世。

汉王封齿，齐主烹阿。

汉高祖大封同姓，诸将坐沙中偶语，上望见之，问张良。良曰："陛下以若属取天下，而止大封同姓，诸将欲谋反耳。"因劝上，急封所最憎之雍齿为什方侯。诸将曰："齿且侯，吾辈无患矣。"遂定。

齐威王时，即墨大夫毁言日至，使视之，而即墨治。阿大夫誉言日至，使视之，而阿不治。于是封即墨以万家，即日烹阿大夫及左右尝誉之者。群臣悚惧，务尽其情，齐国大治。

〇阿，即今泰安府东阿县。即墨，今平度州。

丁兰刻木，王质烂柯。

汉丁兰，河内人。早丧母，刻木像事之如生。邻人张叔假物，兰妻卜筶，木像不许。叔醉詈木像，且击之。兰归，见木像不怿，询之，即奋击张叔。吏至捕兰，木像为之垂泪。郡嘉其孝通神明，奏之，诏图其形。

〇筶，音告。刻木为像事，唐刘师贞、宋汪与成亦同。金陵慈姥矶，相传以丁兰母得名。

晋王质，衢州人。入山伐木，至石室，见二童子围棋。质置斧观之，童子以一物如枣核与质，含之，得不饥。比还，斧柯已烂。至家已数百年，亲戚无复存者。后复入山，得道，因名其山曰烂柯山。

○按《水经注》《东阳记》、任昉《述异》，俱云质听童子琴歌，无观棋事。

霍光忠厚，黄霸宽和。

汉霍光，为光禄大夫，出入禁闼二十余年，小心谨慎，未尝有过。武帝欲立太子弗陵，以其年稚，察群臣惟霍光忠厚，可任大事，乃使黄门画者画周公负成王朝诸侯图赐之。光寻为大司马大将军，受遗诏辅少主，是为昭帝。

汉黄霸，字次公，阳夏人。武帝朝为河南太守丞，温良有让，足智善御众，太守甚任之。武帝末，用法多深。昭帝立，霍光秉政，一遵武帝法度。由是俗吏尚严酷，而霸独用宽和。宣帝立，召为廷尉正，决狱称平。迁颍川太守，仁政大行，嘉禾生，凤凰至。帝赐黄金百斤，迁扬州刺史，治为天下第一，后为丞相。

桓谭非谶，王商止讹。

后汉桓谭，字君山，以宋弘荐为议郎给事中。光武由赤伏符即位，遂欲以图谶决疑，因宣布天下。谭力谏，帝怒其非圣，欲斩之。谭叩头流血，黜为六安丞。藏书甚多，时人语曰："挟桓君山之书，富于猗顿。"

○赤伏符：儒生强华所奉谶书。猗顿：鲁富人。

汉王商，字子威，成帝朝为左将军。京师无故惊言大水将至，奔走踉蹡。大将军王凤以为太后与上当御船，令吏民上城避水。商曰："此必讹言，不宜重惊百姓。"有顷，稍定，果讹言。上于是美商，数称其议。凤乃大惭，自恨失言。

○踉，柔上声。蹡，音呛，往来足践之意。

隐翁龚胜，刺客荆轲。

汉龚胜，字君实，哀帝时谏议大夫。王莽秉政，归隐，号隐翁。莽征之，使太守以下千人致诏。胜谓门人高晖等，曰："谊岂一身事二姓乎！"遂称疾，不食者十四日，死，年七十九。有老父来吊，哭甚哀，既而曰："嗟呼，熏以香自烧，膏以明自销。龚生竟夭天年，非吾徒也。"

○胜，一字君实，与龚舍称二龚。

荆轲，字次非，卫人。燕太子丹客之，称荆卿，令劫秦王反侵地，不可则刺之。乃奉燕督亢地图与樊将军于期头入秦。太子宾客皆白衣冠，送至易水。高渐离击筑，荆轲和而歌之，士皆瞋目，发尽指冠。时有白虹贯日之异。至秦，事败，死之。

○筑，音竹。

老人结草，饿夫倒戈。

晋文公之臣魏武子名犨，有嬖妾。武子疾，命子颗曰："必嫁是妾。"迨疾革，则又曰："必以为殉。"及卒，颗从治命嫁之。秦师伐晋，颗败之，获杜回。颗见老人结草以抗回，回踬而颠，故获之。夜梦老人曰："余，尔所嫁妇人之父也。尔用先人治命，余是以报。"

○鞻，音酬。为古汉字，现今不常用。

晋赵宣子名盾，田首山，舍于翳桑。见灵辄饿，问其病。曰："不食三日矣。"食之，舍其半。问之。曰："宦三年矣，未知母之存否。今近焉，请以遗之。"使尽之，更与肉食。后为公介。灵公不道，伏甲攻盾，辄遂倒戈以御公徒，宣子得免。问何故，对曰："翳桑之饿人也。"问其名居，不告。遂自亡。

○遗，音位。

奕宛李讷，碑赚孙何。

唐李讷，性卞急而酷嗜奕棋，每下子安详，极于宽缓。有时躁急，家人密以棋具置前，使其欣然取子布弄，都忘其恚。此癖之佳处。

○恚，音惠，怒恨也。讷，嫩入声。

宋孙何，字汉公，汝阳人。好古文，为转运使，性苛急，州县患之。乃求古碑磨灭者数本，订于馆中。孙至，读碑，辨识文字，以爪搔发垢而嗅之，往往至暮，不复省录文案。

子猷啸咏，斯立吟哦。

晋王徽之，字子猷。尝暂寄居空宅，便令种竹。或问："暂居何烦尔？"王啸吟久之，直指竹曰："何可一日无此君！"一日过吴中，一士大夫家有竹。主人知子猷当往，洒扫施设相待。王肩舆迳造竹下，啸吟良久，竟不通主人，遂直出。主大不堪，即令闭门。王更以此赏主人，留坐尽欢而散。

唐崔立之，字斯立，元和初为蓝田丞。邑庭有老槐四行，南墙有巨竹千挺，俨立若相持，水瀿瀿循除鸣。斯立勤扫溉，对树二松，日哦其间。有问者，辄对曰："余方有公事，子姑去。"种学绩文，以蓄其有。

奕世貂珥，闾里鸣珂。

汉金日磾，休屠王子，没入官。武帝奇其貌，拜为侍中，赐姓金氏。后为车骑将军，与霍光同受遗诏，辅昭帝。素著忠勋，封秺侯。二子赏、建，昭帝时俱为侍中。赏嗣侯爵，与张安世皆七叶貂珥。汉代衣冠，惟金、张为盛。

〇日磾，音密低。休屠，音朽除。秺，音妒，地名。珥，插也，朔方以貂皮温额，汉用金珰饰首，则插貂尾。

唐张嘉贞，以张循宪荐于天后，诏为监察御史，历梁、秦二州都督，开元中拜中书令。弟嘉祐，任金吾将军。每朝，轩盖驺从盈闾巷，时号所居坊曰"鸣珂里"。

〇珂，佩饰；有声，故云鸣。

昙辍丝竹，袁废蓼莪。

晋羊昙，谢安之甥，为安所知。安亡后，昙辍乐弥年，行不出西州路。尝因过石头，大醉，扶路唱乐，不觉至州门。左右曰："此西州门。"羊悲泣不已，以马策叩扉，咏曹子建诗曰："生存华屋处，零落归山丘"，恸哭而去。

〇石头，金陵城名。

晋文帝为魏安东将军时，以直言斩王仪。仪子裒，字伟元，痛父死于非命，未尝西向而坐，示不臣于晋也。隐居教授，累辟不就，庐于墓侧，攀柏悲号，涕泣着树，树为之枯。母在畏雷，死后，每雷鸣，辄至墓前。曰："哀在此。"读《诗》至"哀哀父母，生我劬劳"，未尝不三复流涕。门人受业者，并废《蓼莪》之诗，恐触其悲也。

箕陈五福，华祝三多。

武王胜商，亲访道于箕子。箕子为之陈《洪范》九畴。次九曰飨用五福：一曰寿，二曰富，三曰康宁，四曰攸好德，五曰考终命。皆极之所感。

〇畴，类也。治天下之大法，其类有九，故云九畴。

帝尧观于华，华封人祝曰："愿圣人多富多寿多男子。"尧辞曰："多男子则多惧，多富则多事，多寿则多辱。"封曰："天生万民，必授之职。多男而授之职，何惧之有！富而使人分之，何事之有！天下有道，与物皆昌；天下无道，修德施仁，何辱之有！"

华，地名。封人，守护疆界的人。

六麻

万石秦氏，三戟崔家。

汉秦彭，茂陵人。六世祖名袭。为颍川太守，与群从五人同时为二千石，三辅号为"万石秦氏"。彭为山阳太守，有麒麟、凤凰、嘉禾、甘露之瑞，肃宗褒之。

○历朝号万石者六家。自汉石奋为九卿，长子建，次子庆，叔、季失名，皆官至二千石，景帝号奋为"万石君家"。后遂以万石为美谈。

唐崔琳，开元中为中书令，弟珪为太子詹事，瑶为光禄大夫，列棨戟，时号"三戟崔家"。每宴集，组印相辉，华毂盈门，一榻置笏，重叠其上。

○又：张俭，兄文师，弟延师，并赐银青光禄大夫，亦号"三戟张家"。

○棨，音启。戟，兵栏双枝为戟，单枝为戈。

退之驱鳄，叔敖埋蛇。

唐韩愈，字退之。宪宗迎佛骨，愈表谏。上怒，将加极刑。裴度、崔群为言，贬潮州刺史。问民疾苦，皆告曰："鳄溪有鱼，食民生畜且尽。"愈作文祭之，即夕风雨大震，鳄鱼遂西徙六十里，民赖以安。集中有《祭鳄鱼文》。

○又：宋陈尧佐通判潮州，网捕鳄鱼杀之。

楚孙叔敖，一名蒍艾猎。儿时出见两头蛇，杀而埋之，恐后人复见。归泣白母，曰："吾闻见两头蛇者死，恐不得事亲矣。"母曰："有阴德者必有阳报。子埋蛇，阴德著，可不死矣。"后以虞丘子荐，庄王以车迎之，使为令尹。

○蒍，音委。

虞诩易服，道济量沙。

汉虞诩，字升卿，武平人。年十二，通《尚书》，孝养祖母。县举顺孙，为朝歌长。时朝歌多盗，故旧皆吊之。诩曰："不遇盘根错节，何以别利器！"大有治声。历迁武都太守，兵不满三千，羌万余围之。诩陈兵，令从东郭出西郭，人易衣服，回转数周。羌恐而退。设伏邀之，复增灶进兵，大破羌人。官至尚书仆射。

檀道济仕刘宋文帝，进爵司空。元嘉八年，使领兵伐魏，与魏兵三十余战。军至历城，以资粮竭，引还。魏人追之。恐兵溃，夜乃唱筹量沙，以所余少米覆其上。及旦，魏人见道济资粮有余，以降卒妄告，斩之。道济因全军而返，雄名大振。魏其惮之，阁之以禳鬼。

伋辞馈肉，琼却饷瓜。

周孔伋，字子思，孔子孙，居鲁邑，鲁缪公亟馈鼎肉。伋以劳于拜赐，摽使者出诸大门之外，北面稽首再拜而不受。

○鼎肉，熟肉也。亟，数也。摽，麾也。缪，与穆通。

北齐苏琼，字珍之，长乐人。除南清河太守六载，绝不通馈饷。郡人赵颖，年八十余致仕归。恃年老，亲奉新瓜一双。琼乃留置梁上，竟不剖食。人闻受颖瓜，竞贡新果。至门，问知颖瓜犹在，相顾而还。百姓乙普明兄弟争田，积年不断。琼召之，曰："难得者兄弟，易求者田地。失兄弟心何如？"因而泪下。明兄弟感之，遂不分。

祭遵俎豆，柴绍琵琶。

汉祭遵，字弟孙。从光武征河北，赏赐尽与士卒，家无私财，韦袴布被，所在吏民不知有兵。范升奏曰："遵为将取士，皆用儒术。对酒设乐，雅歌投壶。虽在军旅，不忘俎豆。"帝每叹曰："安得忧国奉公之臣如祭征虏者乎！"封颖阳侯，图形云台。

○又：宋岳飞雅歌投壶，恂恂如诸生。

唐柴绍，字嗣昌，尚高祖平阳公主。主与绍同助太宗定天下，号"娘子军"。吐谷浑与党项寇边，绍御之。虏据高射绍军，矢下如雨。绍安坐，遣人弹胡琵琶，二女子对舞。虏异之，停射纵观。绍伺其懈，以精骑从后掩击之。虏遂溃。

○吐谷浑，三字音突浴魂，西番国名。

法常评酒，鸿渐论茶。

河阳释法常，性嗜酒，无寒暑风雨，常醉。醉则熟寝，觉即朗吟，曰："优游曲世界，烂漫枕神仙。"谓人曰："酒天虚无，酒地绵邈。酒国安恬，无君臣贵贱之拘，无财利之图，无刑罚之避。陶陶焉，荡荡焉。乐其可得而量也，转而入于飞蝶都，则又蒙腾浩渺而不思觉也。"

唐竟陵僧，于水滨得婴儿，育为弟子。及长，自筮得《蹇》之《渐》。繇曰："鸿渐于陆，其羽可用为仪，吉。"乃姓陆氏，字鸿渐，名羽。尝论说茶之功效，并煎煮之法，造茶具二十四事，以都统笼贮之，隐居苕溪。李季卿宣慰江南，召羽煮茶。羽野服挈具而入。李心鄙之，命取钱三十文，酬博士。羽夙游江介，通狎胜流，遂收钱具去。

陶怡松菊，田乐烟霞。

晋陶潜，解组归田，赋《归去来辞》。有"三径就荒，松菊犹存"之句，盖以松菊自怡悦也。故唐韦表微擢进士，授监察御史，不乐。曰："爵禄譬滋味也，人皆欲之。吾年五十，取一班一级，不见其味。将为松菊主人，不愧陶元亮耳。"

唐田游岩，三原人。隐太白山，后入箕山，居许由祠旁。自谓东邻，频召不出。高宗幸嵩山，亲至其门，田野服出拜。帝命左右扶止，问曰："先生比来佳否？"对曰："臣所谓泉石膏肓，烟霞痼疾者。"召至京师，拜崇文馆学士，居奉天宫左。天子自书榜其门，曰：处士田游岩宅。与韩法昭、宋之问为方外友。

〇肓，音荒。

孟邺九穗，郑珏一麻。

北齐孟邺，字敬业，安国人。为东郡太守，以宽惠著名。郡内麦，或一茎五穗，或三穗四穗。县人送嘉禾一茎九穗。咸以为政化所感。

〇汉光武生于洛阳。是岁，县界有嘉禾一茎九穗，因名曰秀。又张堪为渔阳太守，民歌曰："桑无附枝，麦穗两歧。张公为政，乐不可支。"

后唐郑珏，与李愚同为学士。郑阁下一麻忽生，李曰："承旨相矣。"及霜降成实，乃白麻也。珏大拜。

〇唐制：拜相，诏用白麻纸。珏，音觉，同彀。

〇阳城居谏议时，曰："如相裴元龄，当取白麻坏之。"

颜回练马，乐广杯蛇。

孔子与颜回俱上泰山，望吴阊门外系有白马。谓颜子曰："若见吴阊门乎？"颜子曰："见。"孔子曰："门外何有？"颜子曰："有匹练之状。"孔子曰："噫，白马也。"详视果然，故马曰匹。

晋乐广，字彦辅，尝饮亲故以酒。忽告曰："前蒙赐酒，见杯中有蛇影，饮而疾作。"盖厅壁有角弓，其影落于杯中，似蛇形也。广因复置酒，问曰："有所见否？"客曰如初。广乃告以弓影之故。客疑遂释，而沉疴顿愈。

罗珦持节，王播笼纱。

唐罗珦，庐州人。少贫困，尝投福泉寺，随僧饭。历二十年间，持节归乡，书僧房。云："二十年前此布衣，鹿鸣西上虎符归。行时宾从光前事，到处松杉长旧围。野老竞遮官道拜，沙鸥遥避隼旗飞。春风一宿琉璃地，惟有泉声惬素机。"

唐王播，字明敭。穆宗朝拜相。微时，客扬州木兰寺，随僧饭。僧厌之，饭后击钟。播愧恨，题诗于壁。云："上堂已了各西东，惭愧阇黎饭后钟。"僧夺其笔，拂袖而去。后贵，出镇是邦，前诗已笼碧纱矣。因续云："二十年来尘扑面，而今始得碧纱笼。"

○阇，音蛇。阇黎，僧也。

能言李泌，敢谏香车。

唐李泌，与肃宗同寝，固请还山。上曰："卿以朕不从北伐之谋乎？"对曰："非也，乃建宁王事耳。臣非咎既往，欲陛下慎将来。昔天后忌杀长子弘，次子贤惧，作《黄台瓜辞》，冀其感悟。辞曰：'种瓜黄台下，瓜熟子离离。一摘使瓜好，再摘使瓜稀。三摘犹尚可，四摘抱蔓归。'今陛下已摘一矣，慎勿再摘。"上愕然曰："卿言朕当书绅。"

齐宣王为大室，盖百亩，堂上三百户，三年不成，群臣莫敢谏。香车问曰："荆王释先王之礼乐而为淫乐，敢问荆邦为有主乎？"曰："为无主。""为有臣乎？"曰："为无臣。"车曰："今王为大室，三年不成，群臣莫敢谏。为有臣乎？"王曰："为无臣。"车曰："请避矣。"遂趋出。王曰："香子留！何谏寡人之晚也！"因止其役。

韩愈辟佛，傅奕除邪。

唐韩愈谏宪宗迎佛骨，以为佛不足事，当付有司，投诸水火，永绝根本。可谓辟之极矣。而韩文外集载其与大颠三书。东坡力言其书为伪，朱晦翁又力辩以为真。

〇按：《论佛骨表》，愈上于从平淮西作侍郎时。

唐傅奕上表请除佛法。萧瑀诘之。奕曰："萧瑀不生于空桑，乃遵无父之教。"太宗得胡僧，能立咒人死，复咒而苏，验之，以告。奕曰："此邪术也。邪不能干正。使咒臣，必不行。"咒之，不验，其僧立仆，遂不复苏。

〇瑀，音禹。

春藏足垢，邕嗜疮痂。

南北朝阴子春，官至刺史，身服垢污，脚数年一洗。言每洗则失财。后于梁州洗足者再，竟败事。

〇商丘有刘姓者，饱闻人足臭而文思乃发越，亦一奇也。

南北朝刘邕，爱食疮痂，以为味似鳆鱼。尝诣孟灵休。灵休患灸疮，痂落在席。邕取食之。灵休大惊，痂未落者，悉褫以饲邕。灵休遂举体流血。邕袭父封南康郡公，国吏二百许人，不问有罪无罪，递与鞭，疮痂尝以给膳。

〇鳆，音薄，海鱼，一名石决明。

薛笺成彩，江笔生花。

浣花溪在成都府西南，一名百花潭。任夫人微时，见一僧堕污渠，为濯其衲，百花满潭，因名浣花溪。杜甫结庐其上，节度使裴冕为筑草堂。后名妓薛涛亦家其傍，以潭水造十色彩笺，名薛涛笺。一云涛好制小诗，因易大为小，号薛涛笺。

南北朝江淹，字文通。少以文章显。令蒲城时，夜宿郭外孤山，梦人授以五色笔，文词日丽。后十余年，宿冶亭，梦一美丈夫，自称郭璞。曰："吾有笔在卿处多年，可见还。"淹探怀中笔，还之。嗣后诗绝无佳句，人谓之才尽。

〇冶亭在金陵。又李白梦笔头生花，自是文思日进。

班昭汉史，蔡琰胡笳。

汉班昭，班固妹，适曹世叔。早寡，作《女诫》七章，以示诸女。和帝朝，兄固著《汉书》，未就而卒。诏昭就东观，踵成之。数召入宫中，令皇后贵人事以师礼，号为"曹大家"。

○家，音姑。大家仅作《七诫》，并《汉书》。坊刻《女孝经》，则唐郑氏所托以著者。

汉蔡琰，邕女。六岁知音律。及笄，适卫仲道。为胡骑所获，在胡二十年。曹操痛邕无子，以金帛赎归。琰感，作《胡笳十八拍》。胡人卷芦叶吹之，名笳。琰作为歌词，载《汉魏诗乘》。

○琰，音掩。笄，音鸡。一云，琰归重嫁董祀。

凤凰律吕，鹦鹉琵琶。

黄帝使伶伦采嶰谷之竹，吹之，为黄钟之音。于是制十二管，以听凤凰之鸣。其雄鸣为六律，雌鸣为六吕，谓之律本。《抱朴子》曰：轩辕听凤凰鸣而调律。

○轩辕，黄帝讳。嶰谷，在大夏之西。《抱朴子》，葛洪所著。

宋蔡确，神宗时为相，贬新州。侍儿名琵琶，有鹦鹉甚慧。公每叩响板，鹦鹉传呼其名。琵琶卒后，误触响板。鹦鹉犹传呼不已。蔡悒悒不乐，因写怀曰："鹦鹉言犹在，琵琶事已非。伤心瘴江水，同渡不同归。"

渡传桃叶，村名杏花。

晋王献之，有爱妾名桃叶，其妹名桃根。子敬尝临渡，歌以送之。因名其渡，曰"桃叶渡"，相传地在秦淮口。歌曰："桃叶复桃叶，渡江不用楫。但渡无所苦，我自来迎接。桃叶复桃叶，桃树连桃根。相怜两乐事，独使我殷勤。"桃叶有答歌，又有团扇歌。

○《演繁露》云：渡江不用楫，隐语也，言横渡急也。

唐杜牧，诗情豪迈，人称小杜，以别杜甫。尝镇秋浦。清明日，有"借问酒家何处有，牧童遥指杏花村"之句，地在池州府治秀山门外。明太守顾元镜诗："牧童遥指处，杜老旧题诗。红杏添新色，黄垆忆昔时。远山凭作画，好鸟解吹篪。偷得余闲在，官钱换酒卮。"

七阳

君起盘古，人始亚当。

自太极生两仪，两仪生四象，四象变化而庶类繁矣。相传首出御世者，曰盘古氏，又曰浑沌氏。明天地之道，达阴阳之理，为三才首君。其时民风汋穆，居不知其所，行不知所之。闷闷然，如人之方孩，兽之适野。

○汋，音沃。汋穆，深微貌。

《格致草》云：造人之始，西经所载，以水土合和成男；复取男一肋，成女。男曰亚当，女曰夏娃。生二子，一名迦音，一名亚伯。种类蕃息，秽染天地。自亚当生后一千六百五十六年，洪水稽天，仅留一善者名诺厄，夫妇及三子夫妇，共八人。三子一名生，一名刚，一名雅弗，种传贤圣，分掌天下。意盘古正当此时。

明皇花萼，灵运池塘。

唐玄宗素友爱，宋王成器等请献兴庆坊宅为离宫，制许之。

始作兴庆宫，仍各赐成器等宅，环于宫西南。置楼，题其西曰"花萼相辉之楼"，南曰"勤政务本之楼"。上或登楼，闻王奏乐，则召升楼同宴；或幸其所居尽欢，赏赐优渥。

〇又唐李义与兄尚一、尚贞所著诗文共为一集，号《花萼集》。

南北朝谢惠连，十岁能属文，族兄灵运嘉赏之。曰："每有篇章，对惠连辄得佳语。"尝于永嘉西堂思诗，竟日不就。忽梦见惠连，即得"池塘生春草"，大以为工。尝云："此语有神助，非吾语也。"

〇又灵运性无所推，唯重惠连，与为刎颈交。

神威翼德，义勇云长。

季汉张飞，字翼德，义释严颜。先主背曹向袁，败奔江南，曹追之。飞于灞陵桥，瞋目横矛曰："身是张翼德也。可来决死。"敌皆无敢近者。史称其神威亚于关羽。魏谋士程昱等咸称，飞与羽为万人敌。

季汉关羽，字云长，蒲州解人，善《左氏春秋》，与先主誓同生死。尝守先主家累于下邳，操围之，使张辽说降，羽表三约以明志。后于万众中斩颜良，以示报效，尽封所赐而奔刘。及先主即位，假节钺，镇荆州，威震华夏。孔明遗羽书，云："孟起兼资文武，雄烈过人。一世之杰，黥、彭之俦，当与翼德并驱争先，不若髯之超群绝伦也。"

羿雄射日，衍愤飞霜。

尧时，十日并出，杀苗稼。命羿射去其九。后有穷国君亦善射，慕之而袭其名，详见《淮南子》。

〇陈眉公《枕谭》曰："传言羿日落九乌。乌最难射，而一日得九，言其射之捷也。后世遂以为日。谬矣。"

周邹衍闻燕昭王下士，乃自梁至燕。昭王拥篲先驱，筑碣石宫，师事之。王崩，惠王信谗，系衍于狱。衍冤不能白，仰天而哭。夏月，天为降霜。

〇篲，竹帚，音遂。碣石馆，今无复识其处。或谓蓟州东去抚宁县枕海，有石如甬道数十里，即《禹贡》冀州之碣石。

王祥求鲤，叔向埋羊。

晋王祥，字休徵，沂州人。事继母朱氏极恭谨。冬月，母思食生鱼。天寒冰结，祥解衣，将剖冰求之。冰忽解，双鲤跃出。今望江县埠南岸有小池，相传每天寒，冰冻如人卧形。祥尝奉母避地于此，因名为卧冰池。

〇宋罗孟郊事与祥略同，人目其池为曾子湖。

〇又晋王延，冬月为母欲鱼，扣冰而哭，鱼忽跃出冰上。

叔向名肸，晋卿也。尝有攘羊者，以羊首遗向，向母不食埋之。阅三年，攘羊事败，遣捕追问向家。起验之，羊首骨肉皆尽，唯一舌尚存。国人异之。向后遂以羊舌为氏。

〇《左传疏》：或曰：羊舌氏姓李名果，盗羊事发，辞连李氏。李氏掘羊头示之，以明己之不食。

亮方管乐，勒比高光。

季汉诸葛亮，躬耕南阳，好为《梁父吟》。每旦抱膝长吟，以管仲、乐毅自比。时人莫许，惟博陵崔州平、颍川徐元直谓为信然。后出仕先主，三分鼎峙。

〇梁父，泰山下小山，其所吟则晏婴谋以二桃杀三士事。君有德，则封泰山、禅梁父。愿佐君王，致于有德，苦为小人所阻也。三士：公孙接、田开疆、古冶子。

后赵石勒因徐光谓其过于汉高，曰："卿言亦已太过！人岂不自知，朕遇高祖，当北面事之；若遇光武，可以并驱中原。大丈夫寓磊落如日月，终不效操与懿，欺孤凌寡，狐媚以取天下。"

〇磊，磊同。

世南书监，晁错智囊。

唐虞世南，字伯施，余姚人。十八学士之一。文章赡博。太宗尝称其五绝：一德行，二忠直，三博学，四文词，五书翰。上一日出行，有司请载书以从。上曰："虞世南在，行秘书监也，何用载书！"

〇太宗尝令世南和官体诗，竟不奉诏。

汉晁错，少学申商刑名于轵张恢生所。为人峭直刻深。上言太子宜令知术数。文帝善之，拜为太子家令。以其辩得章，太子家号为智囊。

〇轵，音止，地名。又秦惠王弟疾，居樗里，人称樗里子，滑稽多智，亦号智囊。

昌囚羑里，收遁首阳。

周文王，名昌。纣为不道，醢九侯，脯鄂侯。文王闻之窃叹。崇侯虎谮之，纣乃囚之羑里。文王因演伏羲八卦为六十四卦而系之辞，是为《周易》。其臣闳夭辈计释之。纣因命文王为西伯，赐弓矢，使专征伐。

〇醢，音海，肉酱也。羑，音有。

南北朝薛收，字伯褒。闻唐高祖兴，遁入首阳山，将应义举。入唐，为秦王府主簿，从讨王世充及平刘黑闼。为书檄露布，或马上占辞，明敏如宿构。后封汾阴侯，早卒。太宗即位，谓房玄龄曰："收若在，当以中书令处之。"

〇露布，捷书也。

轼攻正叔，浚沮李纲。

宋程颐，字正叔。年十八，伏阙上书，劝仁宗以王道为心，乞召对。哲宗朝为讲官，持己过庄。苏轼谓其不近人情，每加玩侮。遂属顾临等连章劾之。出为勾管西京国子监，力辞不报。绍圣间，追贬元祐诸臣，遂至目为奸党。

宋李纲，字伯纪，邵武人。钦宗朝为相。张浚为侍御史，劾纲以买马招军之罪。黄潜善、汪伯彦复力排之，遂贬提举洞霄观。在相位仅七十七日，议者惜之。

〇洞霄观在杭州大涤山。纲，卒赠太师，谥忠定。纲负天下重望，每宋使至燕山，必问李纲安否，其为远人所畏服如此。

降金刘豫，顺虏邦昌。

宋刘豫，为河北提刑。金人南侵，弃官居真州。张悫荐之，起知济南。时盗起山东，豫求易南郡。执政不许。豫忿而去，遂降金兀术，立为齐帝。高宗诏暴其罪，逆于六师。

○《铁围山丛谈》云：刘豫为小官时，梦至阙里拜仲尼，仲尼辄答其拜。又尝梦拜释氏，释氏为之起，因独自负。

徽钦北狩，金人使吴开等集百官，议立异姓。张叔夜请立太子，不许。张邦昌为相，遂受伪命，立为楚帝。舍人吴革等数百人，皆先杀妻子，焚所居，举义金水门外。范琼乃诈与合谋，而袭杀百余人。是日风霾，月晕无光，邦昌心亦不安，拜官皆加"权"字。高宗立，伏诛。

○开，音坚。霾，音埋，风而雨土也。

瑜烧赤壁，轼谪黄冈。

季汉周瑜，仕吴为建威中郎将。曹操治水军八十万征吴，议者欲迎降，瑜独请精兵三万往擒之。遂与程普等逆操师于赤壁，火攻破之，以功拜偏将军，领南郡太守。

○按：赤壁在今嘉鱼县西南大江滨，是周郎拒操真迹。东坡所赋黄州之赤壁，借抒感慨耳。《水经》谓赤壁山有五：汉阳、汉川、黄州、嘉鱼、江夏。

宋苏轼出判杭州，中丞李定、御史舒亶摘其诗文，以为怨谤君父，逮下台狱。曹太后闻之，言轼为仇人中伤，乃得轻议，贬黄州团练副史。

○中伤之"中"，音众。

马融绛帐，李贺锦囊。

汉马融，字季长，新息侯援之后。美辞貌。后历南郡守，忤梁冀，免官。高才博学，世称通儒，从游者以千计。卢植、郑玄皆其高弟。善鼓琴，好吹笛。堂施绛纱帐，前授生徒，后列女乐，以次相传，鲜有入其室者。达生任性，不拘儒者之节，著《忠经》。

○融受学挚恂。绛，音降，火赤色。

唐李贺，字长吉。耽苦吟。每旦出，骑弱马，小奚奴背锦囊随后，遇所得即投其中。暮归，母探囊，见属草，必怒曰："是儿呕出心乃已！"一日，昼见绯衣人驾赤虬，持一版，曰："上帝白玉楼成，召君为记。"遂卒。

○凡男女没入官为奚，今奴婢也。虬，音求，龙无角者。

昙迁营葬，脂习临丧。

释昙迁，游心佛义，兼谈老庄，工正书，与范蔚宗、王昙首游款。后蔚宗被诛，门有十二丧，交知无敢近者。昙迁抽货衣物，悉营送葬。宋孝武闻而叹赏，语徐爰曰："卿著《宋书》，勿遗此士。"

○蔚宗下狱，宋文帝有白团扇，令书诗赋美句。蔚宗援笔书曰："去白日之昭昭，袭长夜之悠悠。"上循览凄然。

季汉脂习，字元升，与少府孔融相善。魏武为司空，威德日盛。融书疏倨傲，习常责之。及融被诛，许昌百官与融素善者，皆莫敢收恤。习独抚尸而哭，曰："文举！卿舍我死，我当复与谁语者！"魏武欲收治罪，以事直见原。后见魏武，特字之。曰："元升，卿故慷慨！"

仁裕诗窖，刘式墨庄。

后蜀王仁裕著诗万篇，时号"诗窖子"，言所积之多也。

〇又五代王仁裕，喜为诗，少时尝梦人剖其肠胃，以西江之水涤之。顾见江中沙石，皆为篆籀之文，由是文思日进。汉初，知贡举，所收门生王溥、和凝、范质，皆仕至宰相。

〇窖，音教。

宋刘式，字叔度，清江人。太宗朝，掌邦计者十余年，既没而家徒壁立，惟遗书数千卷。其妻陈氏指示诸子，曰："此汝父墨庄也，今贻汝辈，为学殖之具。"其后诸子及孙并起高第，为时名臣。

刘琨啸月，伯奇履霜。

晋刘琨，字越石。少得俊朗之目。与祖逖俱以豪雄著名。永嘉初，为并州刺史。转战至晋阳，为胡骑所围，城中窘迫。琨乃乘月登楼清啸。贼闻之，皆凄然长叹。中夜奏胡笳，贼又流涕歔欷，人有怀土之念。比晓，胡遂弃围而走。

〇又刘畴，字王乔，尝避乱坞壁。畴吹笳，为出塞入塞之声，以动其思，贾胡皆垂泣而去。

周尹伯奇母死，父吉甫更娶后妻，生伯邽。谮伯奇。吉甫偏听，而放伯奇于野。伯奇自伤无罪见逐，为作《履霜操》以歌之，冀感悟也。宣王出游，吉甫从。闻其歌，宣王曰："此孝子之辞也。"吉甫乃求伯奇于野，已化为伯劳。吉甫遂射杀后妻，以谢之。

〇邽，音规。伯劳，鸟名。歌详《古诗纪》。伯奇采楟花而食。

塞翁失马，臧谷亡羊。

塞上之翁，马无故亡入胡，人吊之。翁曰："安知非福！"数月，其马带胡骏而归，人贺之。翁曰："安知非祸！"其子乘之，坠折臂，人又吊之。翁又曰："安知非福！"胡兵后大战，丁壮者多死，其子以折臂仅存。固知祸福相倚而生也。见《淮南子》。

○《淮南子》，汉刘安所著书。

臧与谷二人相与牧羊，而俱亡其羊。问臧奚事，则挟筴读书。问谷奚事，则博塞以游。二人者，事业不同，其亡羊均也。事见《庄子·骈拇篇》，寓言也。博塞，局戏，今双六之类。筴，与策同。

寇公枯竹，召伯甘棠。

宋寇准，真宗朝大拜。张咏闻之，喜曰："真宰相也。"寻以斥丁谓为佞，被谮三绌。乾兴初，再贬雷州道。出公安，剪烛插神祠前，祝之曰："准若无负朝廷，枯竹再生。"已而果然。居雷州有年，一日，沐浴具朝服，束所赐犀带，北面再拜，就榻而卒。丧过公安，民皆迎祭，斩竹挂纸钱，逾月皆生笋成林。因庙祀之，名为"相公竹"，不忍剪伐。

召公奭，周同姓，食采于召，谓之召康公。与周公分陕而治。陕以西，召公主之，故又称召伯。尝巡行南国，有棠树，决狱政事其下，自侯伯至庶人各得其所。公卒，民思之，为之赋《甘棠》。因爱其树，不忍剪伐。

○奭，音释。武王封奭于北燕。

匡衡凿壁，孙敬悬梁。

汉匡衡，字稚圭，东海承人。家贫好学。邑有大姓多藏书，衡为佣作而不求取值。主人怪问，衡曰："愿得藏书遍读之。"主人感叹，给以书。尝夜读无膏烛，凿邻壁借其光，遂致精诣绝人。十年之间，不出长安城门而致相位。朝廷有政议，辄引经以对。数上书陈便宜，后封乐昌侯。

汉孙敬，字文宝，信都人。性嗜学，穷年闭户读书。或间一入市，人皆曰："闭户先生来也。"每夜读，恐其久睡，乃以绳悬其髻于梁上。少睡，则发顿而醒，仍读之。

〇又刘孝标寄人庑下，自课读书，常燃麻炬，从夕至旦。时或昏睡，爇其须发，及觉复读。

衣芦闵损，扇枕黄香。

闵损，字子骞，鲁人。性至孝，早丧母。父娶后妻，惟爱己生之二子，独嫉损，冬日以芦花絮衣之。一日，损为父御车，体寒失靷。损不自理。父知之，欲去后母。损固启曰："母在一子寒，母去三子单。"父乃止。母因感悟，遂以慈终。

〇衣，音意。靷，音孕，引车前进的皮带。闵子墓在今南宿州，其地有闵子集。又闵子两弟，一名蒙，一名革。

汉黄香，字文强，江夏安陆人。年九岁失母，哀毁骨立。事父至孝，夏月扇枕席，冬则以身温被。比长，博通能文章。京师语曰："天下无双，江夏黄香。"肃宗诏诣东观，读所未见书。又召诸安福殿言政事，拜尚书郎，后迁尚书令。

〇双，叶音春。

婴扶赵武，籍杀怀王。

程婴，晋人，与公孙杵臼为赵朔客。屠岸贾诛朔。朔妇生遗腹子，贾闻而索之。杵臼取他儿匿山中，令婴谬呼赵氏孤在。贾因攻杵臼及孤儿，杀之。婴乃匿赵氏真孤。年十五，韩厥言于晋景公。立之，是为赵武，灭屠岸贾。

项梁兵起，从范增言，求楚怀王孙心于民间，立为怀王，以从民望。后项籍尊为义帝，都盱眙。及灭秦自王，乃使人徙义帝于长沙，阴令九江王布弑于江中。新城三老董公说汉王发丧，率诸侯之师伐籍。

〇布，黥布。义帝向牧羊于盱眙。

魏徵妩媚，阮籍猖狂。

唐魏徵事太宗，谏有不从，帝与语，辄不应。帝曰："应而后谏，何伤！"徵曰："昔舜戒面从。臣心知其非而口应陛下，是面从也，岂稷契事舜之意！"帝笑曰："人言魏徵疏慢，我视之更觉妩媚，正为此耳。"

晋阮籍，容貌瑰杰，任情不羁。或闭户读书，累月不出；或登山临水，竟日忘归。时率意独驾，不由径路，车迹所穷，辄痛哭而返。

〇唐王勃《滕王阁序》有云："阮籍猖狂，岂效穷途之哭！"

雕龙刘勰，慗骥应场。

南北朝刘勰，字彦和，撰《文心雕龙》五十篇，论古今文体。欲取定于沈约，无由自达。乃负书候约于车前，状若货鬻者。约取读，大重之，谓深得文理，常陈之几案。又撰自古帝王贤达至于魏世，通三十卷，名为《要略》。后为沙门。

○一云王勰著《要略》，非刘事。

○勰，古协字。

季汉应场，字德琏，汝阳人。建安七子之一。时遇董卓之乱，不得志于时，因作《愍骥赋》，愍良骥之不遇，以自寓也。故谢灵运《邺中诗序》云："应场，汝颍之士，流离世故，颇有飘薄之叹。"又子建《送应氏》诗："清时难屡得，嘉会不可常。天地无终极，人命苦朝霜。"即其不遇可知已。

御车泰豆，习射纪昌。

造父之师曰泰豆氏。造父始从学御，三年不告，造父执礼愈谨。乃告之曰："古言良弓之子必先为箕，良冶之子必先为裘。汝先观吾趋，趋如吾，然后六辔可持，六马可御。"乃立木为涂，仅可容足，覆之而行，趋走往还，无失跌也。造父学之，三日即尽其巧。泰豆于是乃告以应心得手之妙。

○为箕为裘，取其相似易学也。涂，通"途"。

周纪昌，学射于飞卫。卫曰："尔先学不瞬，而后可以言射。"昌归，卧于妻之机下，以目承牵挺。三年后，锥末到眦而不瞬。卫曰："未也，必视小如大，视微如著，而后告我。"昌以氂垂虱于牖，南面望之，浸大，三年后如车轮焉，以视余物如丘山，乃射虱之心而垂不绝。

○氂，音离，牛犬长采。牵挺，织布机的梭子。

异人彦博，男子天祥。

宋文彦博，立朝端重有威。契丹使耶律永昌入觐，见彦博，却立数步，改容曰："此潞公耶？何其壮也！"东坡曰："使者见其容，未闻其语。其总理庶务，贯穿古今，虽少年名家有不如。"永昌拱手曰："天下异人也。"公少侍尊人监税闻郡。紫极宫道士何守贞见而异之，曰："南极之灵，降而为国申甫。"遂自号南极贞子，后以太师致仕。

宋文天祥，字履善，号文山。宋亡，元主欲以为相，不屈，诏有司杀于柴市，天祥因南向再拜而死。其衣带中有赞，曰："孔曰成仁，孟曰取义，惟其义尽，所以仁至。读圣贤书，所学何事？而今而后，庶几无愧。"元帝临朝叹曰："文丞相称男子，本朝将相皆不能及，诚可惜也。"

忠贞古弼，奇节任棠。

南北朝古弼，代州人。仕魏以忠直闻。尝入奏减苑囿，太祖方与刘树棋。弼侍坐良久，不获申，乃起。于帝前捽树，掣下床，以手搏之。曰："朝廷不理，实尔之罪！"帝愕然曰："不听奏事，朕之过也。树何罪？"弼具状，帝奇之而可其奏。弼头尖，时称笔公。太武尝称为社稷臣，又称为国宝，封灵寿侯。

〇捽，音卒，持发也。

汉任棠，隐居教授，有奇节。汉阳太守庞参先候之。棠不与言，但以薤一大本、水一盂置户屏前，自抱孙儿伏户下。主簿白以为倨，参思其意。良久曰："水者，欲吾清也。拔大本薤者，欲吾击强宗也。抱儿当户，欲吾开门恤孤也。"叹息而还。参在职，果能抑强扶弱，以惠政得民。庞字仲达。

○薤，音械，叶似韭。

何晏谈易，郭象注庄。

季汉何晏，字平叔，言《易》义精通，所不了者九事。一日，迎管辂共论。辂为剖析玄旨，九事皆明。时邓玄茂在坐，言"君善《易》，而语不及《易》中辞义何？"辂曰："善《易》者不论《易》。"晏含笑赞曰："可谓要言不烦。"

晋向秀，字子期，尝注《庄子》。于旧注之外，妙析奇致，大畅玄风。惟《秋水》、《至乐》二篇，未竟而卒。子幼，义遂零落。郭象遂窃为己注，乃自注《秋水》二篇，又易《马蹄》一篇，其余点定文句而已。

○郗绍作《晋中兴书》而何法盛窃之，与此事相类。

卧游宗子，坐隐王郎。

南北朝宗炳，字少文。好琴书，善画，精玄理。每临山水佳处，辄忘归。刘毅辟之，曰："吾栖丘隐壑三十年，岂可于王门折腰！"尝西涉荆巫，南登衡岳。因结宇衡山。有疾，还江陵，叹曰："老病俱至，名山恐难遍睹，惟当澄怀观道，卧以游之。"凡所游履，皆图之于室。谓人曰："抚琴动操，欲令众山皆响。"炳为远公白莲社十八贤之一。

晋王坦之，誉辑朝野，标的当时，累迁侍中、中书令，领北中郎将。故称中郎。《世说》云："王中郎以围棋为坐隐，支公以围棋为手谈。"《语林》云："王以围棋为手谈，故其在衰制中，祥后客来，方幅会戏。"

〇方幅，六朝时方言。公然；正当。

盗酒毕卓，割肉东方。

晋毕卓，字茂世，铜阳人。少放达，尝曰："得酒满数百斛，左手持酒杯，右手持蟹螯，拍浮酒船中，便足了一生。"大兴末，为吏部郎。比舍郎酿熟，卓因醉，夜至瓮下盗饮，为掌酒者所缚。明旦视之，乃毕吏部也。卓与阮孚等为八达。

汉东方朔，善诙谐滑稽。武帝朝，待诏金马门。帝社日赐从官肉，大官未至，朔割肉以归。有司奏，帝令自责。朔再拜曰："受赐不待诏，何无礼也！拔剑自割，何壮也！割之不多，何廉也！归遗细君，又何仁也！"上笑曰："令卿自责，而反自誉。"复赐酒肉。

〇大官，主上食者。细君，妻之称。

李膺破柱，卫瓘抚床。

汉李膺迁司隶校尉，时内侍张让弟朔为野王令，贪残无道。畏膺威严，逃还京师，匿于兄家合柱中。膺知其状，率吏破柱，取朔付洛阳狱。受辞毕，即杀之。自此内侍皆鞠躬屏气。

晋卫瓘，字伯玉，位侍中。惠帝为太子时，咸谓其不堪。瓘会醉，遂跪床前，曰："臣欲有所启。"帝曰："卿何言？"瓘言而复止者三，因以手抚床，曰："此座可惜。"帝意乃悟，因谬曰："公真大醉耶？"

○惠帝在华林园闻蛙声，问左右曰："此鸣者为官乎？为私乎？"贾胤对曰："在官地为官，在私地为私。"

营军细柳，校猎长杨。

汉文朝匈奴入云中，以周亚夫次细柳，刘礼次灞上，徐厉次棘门。上自劳军，至灞上及棘门军，直驰入。已而之细柳，先驱曰："天子且至。"军门都尉曰："军中闻将军令，不闻天子诏。"上使使持节诏将军，亚夫乃传令开壁门。门士请曰："将军约：军中不得驰骤。"上乃按辔徐行，至中营。亚夫曰："介胄之士不拜。"天子改容。

汉成帝羽猎，扬雄从，归作《羽猎赋》以讽。明年秋，又捕兽，输长杨射熊馆，以夸胡人。农民不得收敛。雄从至射熊馆还，上《长杨赋》。因笔墨成文章，故借翰林为主人，子墨为客卿以讽。俱详《文选》。

忠武具奠，德玉居丧。

宋岳飞，谥忠武。家贫力学，尤好《左氏春秋》、《孙吴兵法》。未冠，能挽弓三百斤、弩八石。学射于周侗，能左右射。侗死，朔望必鬻衣具酒肉，诣侗冢，奠而泣。引侗所赠弓，发三矢，乃归。父知而义之。

唐顾德玉，字润之。从俞观光学。观光无子，尝曰："吾昔病，润之侍汤药，情若父子，医为感动，弗忍受金。我老，必托之以死。"寻访医吴中，疾革，趋润之，次尹山而遂卒。润之奉其尸敛于家，衰绖就位。或问："敛于家礼与？"润之曰："生服其训，死而委诸草莽，仁者弗为也。"明年，葬于顾氏先茔傍，岁时享祭惟谨。

敖曹雄异，元发疏狂。

南北朝高昂，字敖曹。龙准豹头，姿体雄异。少不遵师训，专事驰骋。每言男儿当横行天下，自取富贵，谁能端坐读书作老博士也！其父尝曰："此儿不大吾门，必灭吾族。"北齐神武以为西南道大都督，渡河祭河伯。言曰："河伯水中之神，高敖曹地上之虎。"

〇准，音拙。

宋滕达道，字元发。性疏豁。神宗时，力言新法之害，落职，知筠州。上章自讼，改知扬州。微时，为范文正公馆客。尝私就狎邪饮，范病之。一夕，候其出，径造书室，明烛读书以俟。元发大醉，入门长揖，问范读何书。曰："《汉书》。"问汉高祖何如人，范逡巡走入。

寇却例簿，吕置夹囊。

宋寇准，真宗朝大拜。用人多不以次，同列颇不悦。堂吏尝持例簿以进，准曰："宰相所以进贤退不肖也。若用例，一吏职耳。"却去不用。寻为王钦若所谮，罢为刑部尚书，出知陕州，复知天雄军。契丹使过之，谓准曰："相公重望，何以不在中书？"公曰："主上以朝廷无事，北门锁钥，非准不可。"

宋吕蒙正，字圣功，河南人。淳化、咸平中，凡两居相位。夹囊中有册子，每四方人谒见，必问有何人才，即疏之，悉分门类。朝廷求贤，取之囊中，而用无不当。封许国公，谥文穆。

○又晋山涛为吏部，甄别人物，各为题目，号山公启事。

彦升白简，元鲁青箱。

南北朝任昉，字彦升。八岁能属文。初仕齐，为太学博士，王俭、沈约皆推让其文。后仕梁武，为御史中丞。每奏弹，必曰："臣谨奉白简以闻。"简，略状也。

○凡弹文，白纸为重，黄纸为轻。又魏制，置殿中侍御史二员，簪白笔，侧阶而坐，伺察非法。

南北朝王淮之，字元鲁。自曾祖彪之，博文多识，练习朝仪，自是家世相传。并谙江左旧事，缄之青箱，世谓之王氏青箱业。自彪之至淮之，四叶为御史中丞。淮之尤百僚所惮。

○淮之父名纳之，祖名越之。

孔融了了，黄宪汪汪。

汉孔融，字文举。十岁随父至洛阳。时李膺有盛名，诣门者多不得通。融谓阍者，曰："我与李府君通家。"坐定，膺问曰："高明祖父与仆有旧乎？"对曰："昔先君仲尼与君先人伯阳相师友，则融与君累世通家也。"膺与宾客皆奇之。陈韪后至，人语之。韪曰："小时了了，大未必佳。"融曰："想君小时，必当了了。"韪大踧踖。

○韪，音委。

汉黄宪，字叔度，汝南人。郭泰至汝南，造袁奉高，车不停轨，鸾不辍轭。至诣叔度，乃弥日信宿。人问故，曰："奉高之

器譬诸泛滥，虽清而易挹。叔度汪汪若千顷波，澄之不清，淆之
不浊，不可量也。"屡举孝廉，不就，天下号曰徵君。陈蕃、周
举相谓曰："时月之间不见叔度，鄙吝复生矣。"

僧岩不测，赵壹非常。

南北朝赵僧岩，寥廓无常，人不能测，与刘善明友。善明为青
州，欲举为秀才。大惊，拂衣而去。后忽为沙门，栖迟山谷，常以
一壶自随。一日，谓弟子曰："吾今夕当死壶中。"至夜而亡。

汉赵壹，字元叔。恃才倨傲，作《穷鸟赋》以自遣。客游
成州，上计到京，长揖司空袁逢。逢让之，壹曰："昔郦食其长
揖汉王。今揖三公，何遽怪耶！"逢下执手，敬重之。既出，造
河南尹羊陟，不得见，因上堂大哭。陟知其非常人，出与语，奇
之。明日，造访诸计吏，皆盛饰骑从，壹独柴车露宿。陟曰：
"良璞不剖，必有泣血以相明者。"荐之。

○上计，向朝廷报告税收情况。

沈思好客，颜驷为郎。

唐仙吕洞宾，于宋熙宁九年游湖州，归安之东林。有沈思
者，号"东老"，能酿十八仙白酒。吕一日自称回道人，求饮。
自午至暮，饮数斗，殊无酒容。谢曰："久不游吴中，为子有阴
德，留诗赠子。"乃擘榴皮书于壁。曰："西邻已富忧不足，东
老虽贫乐有余。白酒酿成缘好客，黄金散尽为收书。"

○思，字持正。

汉颜驷，庞眉皓发为郎。武帝辇过郎署。帝问何老也？对

曰：“文帝好文臣好武，景帝好美臣貌丑，陛下好少臣已老，是以三世不遇。”上拜为都尉。

申屠松屋，魏野草堂。

汉申屠蟠，字子龙，陈留人。九岁丧父，哀毁，致甘露白雉之祥，蔡邕称曰大孝。蟠隐居精学，博贯《五经》，兼明图纬。见汉室陵夷，累征不就。因松为屋，杜门养高。董卓废立，荀爽、陈纪等皆为所胁，独蟠得全，人皆服其先见。

〇纬，音位，天象也。申屠，复姓。

宋魏野，字仲先，陕州人。居东郊，架草堂，有水竹之胜；又凿土袤丈，曰乐天洞，无贵贱皆纱帽白衣见之。出跨白驴，号草堂居士。好弹琴赋诗，有“棋进莫饶客，琴生却问儿”、“松风轻赐扇，石井胜颁冰”、“洗砚鱼吞墨，烹茶鹤避烟”诸佳句。太宗祀汾阴，与李渎并被荐，召之不至。一日，方教鹤舞，忽报中使至，抱琴逾垣而走。

戴渊西洛，祖逖南塘。

晋陆机，字士衡，赴假还洛，辎重甚盛。戴渊使少年劫掠，渊在岸上据胡床指挥，左右皆得其宜。渊神姿锐颖，虽处鄙事，神气犹异。机于船屋上，遥谓曰：“卿才如此，亦复作劫耶？”渊便流涕，投剑归机。辞语非常。机遂与定交，作笔荐渊。过江，仕至征西将军。

〇渊，字若思。假，音驾，告休沐之谓。

晋祖逖，字士雅。过江时，公私俭薄，无好服玩。王、庾诸公共就祖，忽见裘袍重叠，珍饰盈列。诸公怪问之。祖曰："昨夜复南塘一出。"祖微时，恒自使健儿鼓行劫钞，在事之人亦容而不问。仕至豫州刺史，卒于晋元帝四年。

倾城妲己，嫁虏王嫱。

商纣伐有苏，得美女妲己。色可倾城，纣嬖之。牝鸡司晨，惟言是用。劝纣为炮烙之刑，遂致亡国。李延年侍汉武，起舞歌曰："北方有佳人，绝世而独立。一顾倾人城，再顾倾人国。宁不知倾城与倾国，佳人难再得！"因以其妹为夫人。

汉元帝使画工图后宫，按图召幸。宫女皆赂工。昭君王嫱，姿容甚丽，志不苟求。工遂毁其状。匈奴入朝，命后宫愿往者赐之。嫱愿往。陛辞，光彩射人。帝悔恨无及，画工毛延寿等同日弃市。汉人怜嫱远嫁，多作歌送之，后生子为单于。

贵妃桃鬓，公主梅妆。

唐明皇在禁苑中，有千叶桃花盛开。帝与杨贵妃宴花下，帝曰："不独萱草忘忧，此花亦能消恨。"

〇又王仁裕《天宝遗事》载，御苑有千叶桃花，帝亲折一枝，插妃子宝鬓。曰："此花亦能助娇态。"

南北朝宋武帝女寿阳公主，人日卧于含章殿檐下。梅花落额上，妆著如钿，益映其媚。后人效之，遂增饰，巧制贴面，名曰寿阳妆。

〇钿，金华饰也。一云梅落公主额，成五色之花，拂之不去。

〇经三日，洗之乃落。

吉了思汉，供奉忠唐。

秦吉了，鸟名，出川广，形如鹦鹉而色白，脑有黄肉冠，头红。耳聪心慧舌巧，人言无不通。白香山诗谓其彩毛青黑花颈红，未知孰是。尝有夷人买去，吉了曰："我汉禽，不入夷地。"遂惊死。

五代唐昭宗播迁，随驾有弄猴，能随班起居。昭宗赐以绯袍，号供奉。罗隐诗："何如学取孙供奉，一笑君王便着绯"是也。朱梁篡位，取猴令殿下起居。猴望见全忠，径趋而前，跳跃奋击。遂杀之。

○《广雅》：猴一名王孙。王延寿有《王孙赋》，可证。

卷之四

八庚

萧收图籍，孔惜繁缨。

汉萧何从沛公入关，秦王子婴来降。诸将争走财货之府，何独收秦丞相御史律令图书藏之。沛公因具知天下阨塞，户口多少，强弱处并民所疾苦者。

〇明宋潜溪濂言曰："当始皇焚天下诗书，而藏于秦博士者固在也。酂侯乃弃之，而取户口阨塞之图，方与咸阳宫殿一火俱尽。悲夫！酂侯，万世之罪人也。"

卫孙桓子帅师伐齐。与齐遇，败。新筑人救桓子，是以免。卫人赏之邑，辞；请曲县繁缨以朝，许之。仲尼闻之，曰："惜也！不如多与之邑。惟名与器，不可以假人。"

〇县，音玄。天子乐县四面，诸侯缺南方，谓之轩县，即曲县。繁为大带；缨，马鞅也，诸侯之服。繁，音盘，本作鞶。

卞庄刺虎，李白骑鲸。

卞庄子，鲁卞邑大夫。性好勇，尝刺虎。管坚子止之，曰："两虎方食牛。牛甘，必争斗，则大者伤，小者亡。从伤而刺，一举必两获。"庄子然之，果获两虎。齐人欲伐鲁，忌庄子，不敢过卞。

〇卞，即今泗水县。

唐李白，天才独绝。贺知章见其文而叹曰："子谪仙人也。"后访族人李阳冰于当涂。泛舟游采石，大醉，见水中月影。狂叫捉之，堕水而死。后人因建捉月亭吊之。或云骑鲸上天而去，盖托言也。盐官徐仲华题诗云："舟舣江干吊谪仙，吟风弄月笑当年。骑鲸直上天门去，诗在人间月在天。"

〇太白墓在太平府青山北。

王戎支骨，李密陈情。

晋王戎，和峤同遭大丧。王鸡骨支床，和哭泣备礼。武帝谓刘仲雄曰："卿数省王、和否？闻和哀毁过礼，使人忧之。"仲雄曰："和峤虽备礼，神气不损；王戎虽不备礼，而哀毁骨立。臣以和峤生孝，王戎死孝，陛下不应忧峤，而应忧戎。"

晋李密，字令伯。父早亡，母更适人，鞠于祖母刘氏。武帝征为太子洗马。密上表陈情，乞赐归养。其警句云："臣无祖母，无以至今日；祖母无臣，无以终余年。母孙二人，更相为命，是以区区不能废远。"帝览表叹曰："密不空有此名。"下诏褒之，赐奴婢二人，郡县时给精膳。

〇密使蜀，与吴王曰："愿为人兄。为兄，事亲之日长也。"

相如完璧，廉颇负荆。

赵得楚和氏璧，秦昭王请易以十五城。蔺相如奉璧入秦，秦竟无偿城意。相如乃绐云璧有瑕，取示之。乃令秦王斋五日而受璧，阴使使者怀归，以身待命于秦。秦王以为贤，礼而归之。赵终不与秦璧。

○蔺，音吝。绐，音台，同"治"，欺骗，欺诈。

廉颇、蔺相如同仕赵。相如位居颇上，颇怒，欲辱之。相如每称疾引避，人皆耻之。相如语舍人曰："秦人不敢加兵于赵，以吾两人在也。吾所为者，先国家之急而后私仇也。"颇闻之，肉袒负荆，造门请罪，卒成刎颈之交。

○颈，音景。

从龙介子，飞雁苏卿。

晋文公返国，赏从亡者，不及介子推。推奉母隐于绵山，其从者悬书宫门。曰："有龙矫矫，遭天谴怒。三蛇从之，一蛇割股。二蛇入国，厚蒙爵士。余有一蛇，弃于草莽。"公曰："噫！寡人之过也。"求之不出。因焚其山，母子俱死。故号其山曰"介山"。

○子推，原名王光。公饥于曹，推割股食之。食，音寺。其歌不一，今从《吕氏春秋》。

汉苏武，字子卿。武帝遣使匈奴。迫降不得，屏居北海者十九年。昭帝即位。复遣使至匈奴。常惠夜见汉使，教使者谓单于，言天子射上林，得雁足系帛书，知武等俱在某泽中。单于惊谢，遣武等南还。

○常惠，与武同使者。

忠臣洪皓，义士田横。

宋洪皓，为大金通问使。至云中，金人迫使事刘豫。皓曰："万里衔命，不能奉两宫南归；恨力不能磔逆豫，忍事之耶？愿就鼎镬。"粘没喝怒，将杀之。旁一校曰："此真忠臣也。"为皓跪请，乃得流冷山。绍兴十二年始归。

〇粘没喝，金臣名。磔，音窄，裂也。

齐田横，故齐王荣弟。自立为王。高帝即位，与其徒五百余人居海岛。帝召之，横与二客诣洛阳。未至三十里，自杀。二客传首洛阳，并拜为都尉，以王者礼葬。横既葬，二客穿冢自刭，其从五百人俱自杀。闻者皆窃叹，以为义士，作《薤露》《蒿里》之歌哀之。

〇歌载《文选》。

李平鳞甲，苟变干城。

诸葛亮军祁山，李平催督运事。不继，遣人呼亮还。及还，乃阳惊，以辞己责；又表说军伪退诱贼与战。亮因出前后手书，表平颠倒不职。复与蒋琬、董承书曰："孝起前为吾说：正方腹中有鳞甲。吾谓鳞甲者，但不当犯之耳，不图复有苏张游说事也。"遂徙平梓潼郡为民。

〇孝起，陈震字。正方，平字。

子思言苟变于卫侯，曰："其材可将五百乘。"公曰："吾知其可将，然变也尝为吏，赋于民而食人二鸡子，故弗用也。"思曰："夫圣人之官人，犹匠人之用木，取其所长，弃其所短。君处战国之势，选爪牙之士，而以二卵弃干城之将，不可使闻于邻国。"公再拜曰："谨奉教。"

景文饮鸩，茅焦伏烹。

宋明帝疾笃，赐王景文死。敕至之夜，景文方与客棋。看敕讫，置局下。待争劫竟，乃敛子纳奁中。已毕，徐言："奉敕赐死。"因出敕示客，而举赐鸩。乃谓客曰："此酒不可相劝。"遂仰饮而绝。

〇景文，名彧，后兄。美丰姿。袁粲见之，叹曰："景文非但风流可悦，乃哺歠亦复可观。"歠，音绰，指羹汤。

秦吕不韦通太后，恐觉，以舍人嫪毐诈为宦者，进之。生二子。事觉，夷三族，迁太后于雍，以谏死者二十七人。齐客茅焦请谏，王欲烹之。茅蕉徐前曰："秦方以天下为事，而陛下车裂假父，囊扑二弟，迁母于雍，残戮谏士，桀纣之行不至是。臣恐天下瓦解，无向秦者。"言讫，解衣伏烹。王下殿，手接之，爵以上卿，自驾迎太后归。

许丞耳重，丁掾目盲。

汉黄霸为颍川太守。长吏许丞老病聋，督邮白欲逐之。霸曰："许丞廉吏，虽老犹能拜起送迎，止重听何伤！且善助之，无失贤者意。"或问其故。霸曰："数易长吏，有送故迎新之费。且吏掾为奸，新吏又未必贤，徒相益为乱。凡治道，去其大甚者耳。"

季汉丁仪，字正礼。曹操慕其才，欲妻以女。丕曰："正礼目眇，恐爱女不悦也。"后操数与语，甚奇之。责丕曰："丁掾即使两目俱盲，尚当妻以女，况但眇乎！是儿误我。"

佣书德润，卖卜君平。

季汉阚泽，字德润，吴人。家贫好学，为人佣书。所佣既毕，诵读亦遍。兼通历数。举孝廉，除钱塘长，累官至太子太傅。每朝廷大议，经典所疑，必咨访之。以儒学勤劳，封都乡侯。初，泽年十三，梦见名字炳然在月中。

○阚，音瞰。

汉严遵，字君平，临邛人。尝卖卜于成都，日得百钱自给。则闭户下帘，以著《易》为事。扬雄师事之，曰："风声足以激贪励俗，近古之逸民也。"富人罗冲资之，劝其仕，不听。叹曰："益我货者损我神，生我名者杀我身。"

○又林间为扬雄之师，见《古文苑》。

马当王勃，牛渚袁宏。

马当山在彭泽，去南昌七百里。唐王勃省父，舟次马当，梦水神告曰："助汝顺风一帆。"达旦，即抵南昌。值都督阎伯屿重修滕王阁。九日，宴宾僚于上，欲夸其婿吴子章才，令宿构序文。故豫请客作，莫敢当者。勃年最少，受而不辞。阎恚，遣使伺句即报。至"落霞与孤鹜齐飞，秋水共长天一色"，乃叹曰："天才也！"极欢而罢。

晋袁宏，字彦伯。少贫，为人佣，载运租于牛渚。值中秋夜，讽所为咏史诗以自适。时谢尚官征西将军，乘月泛江。闻估客咏诗声，甚有情致，因遣人讯问。答曰："是袁临汝儿郎诵诗。"尚即迎升舟，谈论申旦。自此名誉日茂。

○宏或作虎，即宏小字。宏父官临汝令。

谭天邹衍，稽古桓荣。

周邹衍，闻燕昭王好士，乃自梁入燕。昭王作碣石宫，师事之。燕有谷地，美而寒，不生黍稷。衍为吹律，以温其气，黍乃生，因名黍谷。尤好谈天事。《战国策》曰"邹衍大言天事，号为谭天衍"是也。又刘向《别录》云："驺衍所言五德始终，天地广大，尽言天事，故称谭天驺。"

○驺，与"邹"同。

汉桓荣，字春卿。少习欧阳《尚书》。光武朝拜议郎，授太子经，累迁太子少傅。车驾幸大学，会诸博士，论难于前。荣辩明经义。每以礼让相厌，不以辞长胜人。帝赐以辎车乘马。荣大会诸生，陈其车马印绶。曰："今日所蒙，稽古之力也，可不勉哉！"明帝立，犹尊以师礼，拜为五更。

○五更，通五行者。

岐曾贩饼，平得分羹。

后汉赵岐，字邠卿，京兆长陵人。唐玹为京兆尹，进不由德。岐数为贬议。玹恚，欲收岐。岐乃变姓名，于北海市中贩胡饼。孙嵩疑其非常人，问曰："自有饼耶？"岐曰："贩之。"嵩曰："买几钱？卖几钱？"岐曰："买三十，卖亦三十。"嵩遂载归。兴平中，岐以太仆持节使安惠天下。复与嵩遇，相对流涕。年九十余，建安六年卒。

唐李林甫，子婿郑平为户部员外郎。一日，林甫见其须发斑白。谓平曰："上明日当赐甘露羹。郑郎若食，纵华皓亦自转黑。"明日，中使果至林甫第赐食，因以羹食平。一夕斑白尽黑。

〇林甫，小字哥奴。

卧床逸少，升座延明。

晋王羲之，字逸少。郗鉴遣门生求婿于王丞相导。导曰："往东厢任意选之。"门生归，白郗曰："王氏诸郎亦皆可嘉，但闻来觅婚，咸自矜持。惟有一郎在东床上，坦腹卧食胡麻饼，若不闻。"郗公曰："此正吾婿。"访之，乃逸少也，遂妻以女。仕至右军将军。

南北朝刘昞，字延明。年十四，就博士郭瑀学。瑀时弟子五百余人，通经业者八十余人。瑀有女始笄，妙选良偶，心属延明。遂别设一席，谓弟子曰："吾有女，欲觅一快婿。谁坐此者，吾当婚焉。"延明即奋衣升坐，神志湛然，曰："延明其人也。"遂妻之。

〇昞，音炳。

王勃心织，贾逵舌耕。

唐王勃，六岁能文。九岁，得颜师古《汉书注》。读之，作《指瑕》以摘其失。与卢照邻、骆宾王、杨炯齐名，号四杰。所至请托为文，金帛丰积。人或谓心织笔耕。每为文，先磨墨数升，引被掩面而卧。忽起，一笔书之，初不点窜，时人谓之腹稿。

汉贾逵，字景伯。微时教授为业，从学者不远千里，积粟遂至盈仓。或曰："遂非力耕所得，诵经不倦，乃舌耕也。"明帝朝，给笔札，使为《神雀颂》，拜为郎，与班固同校秘书。

○《南史》：王韶之尝三日绝粮，执卷不辍，家人怪其不耕。答曰："我常目耕。"

悬河郭子，缓颊郦生。

晋郭象，字子玄。能清言。王衍云："每听象语，如悬河泻水，久而不竭。"

○裴遐善言玄理，音辞清畅，泠然若琴瑟。尝与象谈，一座叹服。

汉王闻魏豹反，方东忧楚，未及击。谓郦生曰："缓颊往说魏豹，能下之，吾以万户封君。"郦生说豹。豹谢曰："人生一世间，如白驹过隙耳。今汉王慢而侮人，骂詈诸侯群臣，如骂奴耳。非有上下礼节也，吾不忍复见也。"于是汉王遣韩信击，虏豹于河东。

○郦生，食其也。

书成凤尾，画点龙睛。

南齐江夏王锋，字宣颖。年四岁，即倚井栏为书。书满洗去，更复书。晨兴不拂窗尘，先于尘上书。至五岁，高帝使学凤尾诺，一学即工。帝大悦，以玉麒麟赐之，曰："麒麟偿凤尾也。"

○锋封江夏王，姓萧，作王锋误，南齐高帝十二子。

○自晋讫梁以来，东宫上书则曰笺。陆龟蒙云：凤尾则所诺笺之文也。

唐张僧繇，丹青绝代，于金陵安乐寺画二龙于壁，不点睛。人问其故。曰："点之即飞去。"人以为妄，固请点之。才及一龙，须臾即雷电破壁，腾骧而去，惟未点者在。阎立本至荆州，见其旧迹，曰："虚得名耳。"再往曰："犹近代佳手。"三往曰："名下无虚士。"遂坐卧留宿其下。

（编者注：此注有误。张僧繇当为梁代人。）

功臣图阁，学士登瀛。

唐太宗贞观癸卯十七年，命阎立本图功臣于凌烟阁：长孙无忌、李孝恭、杜如晦、魏徵、房玄龄、高士廉、尉迟恭、李靖、萧瑀、段志玄、刘弘基、屈突通、殷开山、柴绍、长孙顺德、张亮、侯君集、张公瑾、程知节、虞世南、刘政会、唐俭、李世勣、秦叔宝凡二十四人，盖象二十四气，所以转天而宏化也。

唐高祖武德三年，以秦王世民功大，擢为天策上将，令开府置属。太宗乃开馆于宫西，延四方之士，以杜如晦、房玄龄、虞世南、褚亮、姚思廉、李玄道、蔡允恭、薛元敬、颜相时、苏勗、于志宁、苏世长、薛收、李守素、陆德明、孔颖达、盖文达、许敬宗为文学馆学士。三番更直，暇则访以政事，讨论坟籍，或至夜分乃寝。

卢携貌丑，卫玠神清。

唐卢携，貌极丑，尝以文上尚书韦宙。韦氏子弟辄肆轻侮。

宙曰："卢虽人物不扬，观其文章有首尾，异日必贵。"后竟如其言。

〇又左思貌丑而口讷，游邀于市，群妪唾之，委顿而返。

晋卫玠，字叔宝。神清韵远，成称璧人。其舅王武子叹曰："珠玉在侧，觉我形秽。"又曰："与玠游，若明珠之在侧，朗然照人。"仕为太子洗马。后移家建业，士人观者如堵。卒年二十七，时人谓看杀卫玠。

〇玠即乐广婿，世称妇翁冰清，子婿玉润。

非熊再世，圆泽三生。

唐顾况，字逋翁，海盐人。后隐茅山。暮年，一子非熊忽暴亡。况哀悼不辍，乃作诗曰："老人丧爱子，日暮泪成血。老人年七十，不作多时别。"非熊冥间闻之，以情告冥官。官悯之，复令生于况家。二岁能言冥间闻父苦吟、求再生事。及长，擢长庆进士，官盱眙尉。

〇非熊少时见坏绿裙化为蝶。

唐僧圆泽，与李源善约游峨嵋。舟次南浦，见妇人锦裆负罂而汲。泽曰："此妇孕三年，迟吾为子。今已见难逃。三日愿临，一笑为信。后十三年中秋月夜，杭州天竺寺当相见。"及暮，泽亡，而妇乳。三日，往观，果一笑。后如期往，于葛洪井畔，闻牧童扣牛角而歌曰："三生石上旧精魂，赏月吟风不要论。惭愧情人远相访，此身虽异性长存。"问泽公健否。答曰："李君真信士，然世缘未断，慎勿相近，惟勤修乃复相见。"又歌曰："身前身后事茫茫，欲话因缘恐断肠。吴越山川寻已遍，好回烟棹上瞿塘。"遂去，不知所之。

安期东渡，潘岳西征。

晋王丞，字安期。去官东渡江，道路梗塞，人怀畏惧。王每遇艰险，处之夷然，虽家人不见其忧喜之色。既至下邳，登山北望，叹曰："人言愁，我始欲愁。"谢太傅曰："当尔时，觉形神俱往。"

晋潘岳，字安仁，荥阳人。才名冠世，藻思如锦，尝作《西征》《闲居》等赋。《文选纂注》云："《西征赋》，岳为长安令作。岳家在巩县东，故言西征，述所历古迹美恶，以为劝戒焉。"

〇杜少陵有《北征》诗，非征伐之征。

志和耽钓，宗仪辍耕。

唐张志和，字子同，初名龟龄。肃宗朝擢明经，授录事参军。亲丧，不复仕，往来江湖，自称烟波钓徒。垂钓不设饵，志不在鱼也。陆羽问孰为往来。对曰："太虚为室，明月为烛，与四海诸公为友，未尝少别，何有往来！"御赐奴婢各一，名曰渔童、樵青，俾为夫妇。颜真卿见其舟敝，欲馆之。谢曰："不愿于尘土中埋侠骨也。"

宋陶宗仪，字九成，天台人。至元间，避难华亭，雅好著述。往耕于田，恒携笔砚，置一瓮树下。遇有所得，书投其中。久之满贮，则取成帙，题曰《南村辍耕录》。又著《说郛》。后人渐为增益，不啻等身。

○一作元人。

卫鞅行诈，羊祜推诚。

秦使卫鞅伐魏，魏使公子卬御之。军既相拒，鞅遗卬书，曰：“吾始与公子欢，今俱为两国将，不忍相攻，可与公子面相见盟。乐饮而罢兵，以安秦魏。”卬以为然。会盟已饮，鞅伏甲士袭虏卬，攻其军，破之以归秦。惠王恐，割河西之地以献，遂去安邑，徙大梁。

○卬，音昂。

晋羊祜，字叔子。镇襄阳，绥怀远近，甚得江淮之心。在军轻裘缓带，身不披甲；铃阁之下，侍卫不过数十人。与吴将陆抗对境，使命交通，不为掩袭之计。进谲计者，辄饮以醇酒，使不得言。尝出军行吴境，刈谷为粮，计所侵送绢偿之。游猎常止晋地，若禽兽先为吴人所伤，而为晋兵所得者，皆封还之。

林宗倾粥，文季争羹。

汉郭林宗尝止陈国问学，童子魏德公求为供给洒扫。林宗偶不佳，终夜命作粥。林宗呵之曰：“为长者作粥，使沙，不可食。”以杯掷地，如是者三。德公无变容，反有悦色。林宗曰：“始见子之面，今乃知子之心矣。”遂成妙学。

齐高帝既为齐王，置酒为乐。羹脍既至，崔祖思曰：“此味为南北所推。”侍中沈文季曰：“羹脍吴食，非祖思可解。”祖思曰：“炰鳖脍鲤，似非句吴之诗。”文季曰：“千里莼羹，岂关鲁卫！”帝悦甚，曰：“莼羹故应还沈。”

○千里，湖名，属今溧阳。

茂贞苛税，阳城缓征。

唐李茂贞为凤翔节度使，赋税烦苛，油灯皆有征，遂不许松薪入城，恐以松薪为光，必减油税，故严禁之。时有优人为戏语，讽之曰："臣请并禁月明。"

唐谏议大夫阳城，字亢宗。左迁道州刺史，治民如治家。州之赋税不登，观察使数加诮让，城自署其考曰："抚字心劳，催科政拙，考下下。"观察使遣判官督之，城自囚于狱，坐卧一故门扇。判官留一二日，不自安，辞去。后又他遣，所遣官至，遂载妻子中道遁去。

北山学士，南郭先生。

宋徐大正，字德之，瓯宁人。省试，过子陵钓台，诗云："光武初从血战回，故人长短尚论材。中宵若起唐虞兴，未必先生恋钓台。"元祐中，苏轼见之，遂与定交。后筑室北山之下，号为"闻轩"。秦少游为记，东坡赋诗，人以"北山学士"呼之。

宋雍存，全椒人。隐居不仕，以文史自娱。居城南，号南郭先生。钱公辅游山诗："每从南郭先生到"，谓存也。绍圣初，曾肇为守，尝与文字交。

○后汉廖扶惮为吏，专心经史，居先人冢侧，时号为北郭先生。

文人鹏举，名士道衡。

南北朝温子升，字鹏举。博学百家，文章清婉，孝庄以为主客郎中。济阴王晖业尝云："江左文人，宋有颜延之、谢灵运，梁有沈约、任昉，我子升足以凌颜轹谢，含任吐沈。"阳夏守傅标使吐谷浑，见其国主床头有书。视之，子升文也。

○庾信至北，惟爱温子升寒山寺碑。后还，人问北方人物。信曰："惟寒山一片石，差堪共语耳。"

南北朝薛道衡，字玄卿。衡聘陈，作《人日》诗云："入春才七日，离家已二年。"南人嗤之曰："是底语！谁谓此虏解作诗！"及云："人归落雁后，思发在花前。"方喜曰："名下固无虚士。"裴献尝目之，曰："鼎迁河朔，吾谓关西孔子罕遇其人，今复见薛君矣。"官至中书侍郎。

灌园陈定，为圃苏卿。

陈定，字子终。楚王遣使持金百镒，聘以为相。子终谓妻曰："今日为相，明日结驷连骑，食方丈于前。"妻曰："结驷连骑，所安不过容膝；食方丈于前，所甘不过一肉。今以容膝之安，一肉之味，而怀楚国之忧，恐先生不保命也。"于是夫妻遁去，为人灌园。或云即陈仲子。

宋苏云卿，广州人。绍兴间，结庐豫章东湖，人称曰"苏翁"。布褐草履，终岁不易；畚砾为圃，人争贸之。以故薪米不乏，有余则以周急。少与张浚为布衣交，浚为相，驰书函金币属帅漕致之，曰："此人非折简可致也。"帅漕力请，期以诘朝上谒。旦，则扃户阒然，书币俱在，而翁已遁矣，竟不知所往。

○阒，音翕。圃址在今百花洲。

融赋沧海，祖咏彭城。

南北朝张融，字思尤。所著有《玉海集》。尝作《海赋》，警句云："穷区没渚，万里藏岸。湍转则日月似惊，浪动则星河若覆。"以示徐凯之。凯之曰："卿此赋实超元虚，但惧不道盐耳。"融即索笔增曰："漉沙构白，熬波出素。积雪中春，飞霜暑路。"

〇木华，字元虚，曾作《海赋》。中音仲。

南北朝王肃，于省中咏《悲平城》诗，云："悲平城，驱马入云中。阴山常晦雪，荒松多朔风。"彭城王勰甚称其美，使肃更咏，乃失语平城为彭城。肃笑之，勰有惭色。时祖莹在坐，即云："悲彭城，王公自未见。"肃请诵之。莹即应声曰："悲彭城，楚歌四面起。尸积石梁亭，血流睢水水里。"肃嗟赏之，勰亦大悦。

温公万卷，沈约四声。

宋司马温公独乐园，文史万余卷。晨夕披阅，虽数十年皆新，若未手触者。尝谓弟子曰："贾竖藏货贝，吾辈惟此耳，当极加宝惜。吾每岁必暴其脑，至启卷，先视几案洁净，藉以衲褥，然后敢启。每竟一板，即侧右手大指面衬其沿，而复以次指面捻而挟过。每见汝辈轻以两指爪撮起，是爱书不如爱货贝，其人可知矣。"

南北朝沈约，左目重瞳子，聪明过人。聚书二万卷，撰《四声韵谱》，以谓在昔词人，累千载而不悟，而独穷其妙旨，自谓入神之作。武帝问周舍曰："何谓四声？"舍曰："天子圣哲是也。"

〇唐权德舆生三岁即知辨四声，四岁能赋诗。

许询胜具，谢客游情。

晋许询，字元度。好游山水，而体便登陟。时人云："许非徒有胜情，实有济胜之具。"

〇刘尹云："清风朗月，辄思元度。"

南北朝谢灵运，寻山陟岭，必造幽峻。岩嶂数千里，莫不备尽。登蹑常着木屐，上山则去前齿，下山则去后齿。尝自始宁南山伐木开径，直至临海，从者数百人。临海太守王琇惊骇，谓为山贼。徐知是灵运，乃安。又要琇更进，琇不肯从。其后以叛徙广州。

〇灵运，小字客儿。唐王棨赋："谢客吟多。"

不齐宰单，子推相荆。

宓不齐，字子贱。鲁人，孔子弟子。为鲁单父宰。邑有贤于小齐者五人，不齐师事而禀度焉，故身不下堂，鸣琴而治。既而巫马期亦宰是邑，以星出，以星入，日夜不处，以身亲之，而单父亦治。巫马期问于子贱，子贱曰："吾任人，子任力。任人者佚，任力者劳，虽治犹未至也。"

介子推相荆，行年十五。孔子闻之，使人视之。还曰："廊下有二十五俊士，堂上有二十五老人。"仲尼曰："合二十五人之智，智于汤武；并二十五人之力，力于彭祖。以治天下，其固免矣。以治其国，有不济乎！"

○荆楚之本号子推，名光，平阳临晋人。

仲淹复姓，潘阆藏名。

宋范仲淹，吴人。生二岁而孤，随母适长山朱氏，冒姓朱。大中祥符间举进士，改本姓。其谢启曰："志在投秦，入境遂称夫张禄；名非霸越，乘舟乃效于陶朱。"时人服其亲切。举进士试《金在镕赋》云："如令区别妍媸，愿为金鉴；若使削平祸乱，就请干将。"将相事业，于此可见。

○张禄、陶朱系范睢、范蠡二人更名。

宋潘阆，自号逍遥子；工诗。其《苦吟》诗云："发任茎茎白，诗须字字精。"又《贫居》诗："长喜诗无病，不愁家更贫。"坐卢多逊党得罪，避潜山山谷寺为行者。题诗钟楼，云："顽童趁暖贪春睡，忘却登楼打晓钟。"孙仅见之，曰："此逍遥子也。"令寺僧呼之，已遁去。

烹茶秀实，漉酒渊明。

五代陶谷，字秀实。幼有俊才，仕周为翰林学士。尝买得党太尉家故妓，命掬雪水烹团茶。谓曰："党家有此风味乎？"妓曰："彼粗人安得有此，但知销金帐内浅斟低唱，饮羊羔美酒耳。"陶有惭色。

○党太尉名进。

陶渊明，性恬淡，嗜酒，公田半令种秫。客造辄设酒，若先醉，便语客曰："我醉欲眠，君且去。"尝曰："吾夏日虚闲，高卧北窗之下，清风飒至，自谓羲皇上人。"会邻家招饮，酒有滓，即脱巾漉之。漉毕，还着之。庐山僧惠远爱其清逸，招之入社，渊明曰："许饮即往。"惠远伴许之。既至无酒，攒眉而归。

善酿白堕，纵饮公荣。

晋刘白堕，河东人。善酿酒。六月以罂贮酒，曝于日中一旬，味不变，醉则经月不醒。朝贵相饷，每逾数千里，以其远至，号曰"鹤觞"。青州刺史毛鸿宾赉酒一罂，路逢盗，饮之即醉，皆被擒。时人语曰："不畏张公拔刀，惟畏白堕春醪。"此见《洛阳伽蓝记》。

晋刘公荣，饮酒不论。人或讥之。答曰："胜公荣者，不可不与饮；小如公荣者，亦不可不与饮；是公荣辈者，又不可不与饮。"一日，阮籍与王戎饮，时公荣在坐，无预焉，而言语谈笑则三人无异。或问之，阮曰："胜公荣者，不得不与饮；不如公荣者，不得不与饮；惟公荣可不与饮。"

仪狄造酒，德裕调羹。

昔帝女令仪狄作酒，进之禹。禹饮而甘之，曰："后世必有以酒亡其国者。"遂疏仪狄，绝旨酒。又周有杜康亦善造酒，以酉日死，故今造酒会客忌酉日。济南舜祠东庑下有杜康泉，康尝汲此酿酒。

○杜，字子宁。

唐李德裕，字文饶。在中书不饮京城水，悉用惠山泉。时谓之水递。有僧进曰："水递有损盛德。京师昊天观后一泉，与惠山相通。"因取称量，与惠山等，乃罢水递。德裕每食一羹，其费约须三万，杂宝贝珠玉雄黄朱砂煎汁为之。至三煎，即去其渣。

印屏王氏，前席贾生。

唐明皇所幸美人王氏，数梦人召饮，言于上。上曰："此必术士所为，若再往，以物识之。"其夕，梦中又往，因就砚中濡手印于屏风。既寐，即告上，下令索之，果于东明观中得手纹，而道士已遁。

〇数，朔入声。

汉贾谊，年少多才。河南守吴公荐之文帝，召为博士。岁中，超迁至大中大夫。绛灌等毁之，出为长沙王太傅。帝忽思之，召见宣室，因问鬼神事。至夜半，帝不觉前席，寻叹曰："吾久不见贾生，自谓过之，今殊不及也。"乃拜为梁太傅，上《治安策》。

〇吴姓，公名。

九青

经传御史，偈赠提刑。

《三字经》初疑宋元人作，及得里中熊氏所藏大板《三字经》，明蜀人梁应井为之图，聊城傅光宅侍御为之序，较坊本多"胡元盛，灭辽金，承宋统，十四君。大明兴，逐元帝，统华夷，传万世"八句。又十七史为十九史，乃知出于明人，究未知谁氏也。明神宗居东宫时曾读此书。

○《三字经》相传宋儒王伯厚作，至后递增之。

宋舒州白云端禅师，因郭功甫提刑到山示众云："夜来枕上作得个偈，谢功甫大儒，说与大众，请已后分明举似诸方。此偈非惟谢功甫大儒，直要与天下有鼻孔衲僧脱却着肉汗衫。"乃云："上大人，邱乙己，化三千，七十士。尔小生，八九子，佳作仁，可知礼"也。

○功甫，名祥正，当涂人。白云山海会寺，在今太湖县。

士安正字，次仲谈经。

唐刘晏，字士安，曹州人。玄宗封泰山，晏八岁献颂。帝奇其幼，命张说试之。说曰："国瑞也。"赐游官。贵妃坐之膝上，亲为总髻。宫人遗花授果，即授太子正字。上问曰："卿作正字，正得几字？"对曰："天下字皆正，惟有朋字未正。"代宗朝拜相，领江淮常平使，理财有绩。后为杨炎所诬，死之日，家惟杂书两乘，米麦数斛，天下以为冤。

汉戴凭，字次仲，平舆人。习京氏《易》，举明经，征拜侍中。建武中，正旦朝贺，帝令群臣说经，更相难诘，义有弗通，辄夺席以益通者。凭遂至，坐五十余席，故京师语曰："说经不穷戴侍中。"

○京氏，京房也。

咸遵祖腊，宽识天星。

汉陈咸，字子康。父万年为郎，抗直数言事。元帝时，官至尚书。王莽专政，诛何武、鲍宣，咸喟然叹曰："吾可以逝矣。"即乞骸骨去。闭门不出，犹用汉家祖腊。或问之，答曰："我祖宗岂知王氏腊乎！"

〇汉人蜡祭曰腊。蜡，岁终祭名。历家以运墓为腊。汉火运，墓于戌，故以大寒后戌日为腊。

汉武帝祀甘泉，至渭桥。有女子浴于渭，乳长七尺。上怪而问之，女曰："帝后七车侍中，知我所来。"时张宽在第七车，对曰："此天星主祭祀者。斋戒不严，则女人星见。"《西京杂记》云："妇人乳长三尺者，北斗中第七星，惟东方朔知之。"

景焕垂戒，班固勒铭。

宋景焕，成都人。隐居玉垒山，有《野人闲语》一书，载后汉孟昶立戒石碑廿四句，如"尔俸尔禄，民脂民膏。下民易虐，上苍难欺"，即其书中语。

〇宋绍兴二年，以黄庭坚所书戒石十六字颁刻于州县，见《纲鉴》。

汉窦宪，永元初同耿秉将精骑万余，与北单于战于稽落山。大破之，出塞三千余里，登燕然山。命中护军班固，刻石勒功，纪汉威德而还。铭曰："铄王师兮征荒裔，剿凶虐兮截海外。夐其貌兮亘北界，封神丘兮建隆碣。熙帝载兮振万世。"

能诗杜甫，嗜酒刘伶。

唐杜甫，字子美，仕籍襄阳，父闲居杜陵而甫生。又称少陵，工部员外郎。博极群书，善为诗歌，涵泳汪洋，千态万状，忧时即事，世称诗史。客有病疟者，甫曰："诵吾诗可疗之。"即诵"子璋髑髅血模糊，手持掷还崔大夫"之句，疟果愈。

○宋彭仲举与林谦之游天竺，谈诗至少陵好处。仲举曰："少陵可杀（意即杜甫之诗可治病）。"

晋刘伶，字伯伦。放情肆志，性尤嗜酒。尝乘鹿车，携壶酒，使人荷锸随之。曰："死即埋我。"妻谏，伶曰："当誓神断之。"妻乃具酒肉，伶跪祝曰："天生刘伶，以酒为名。一饮一石，五斗解酲。妇人之言，慎不可听。"引酒御肉，陶然复醉。尝著《酒德颂》一篇。

○酲，音呈，酒未醒。伶，一作灵。

张绰剪蝶，车胤囊萤。

唐咸通初，进士张绰有道术，尝养气绝粒，嗜酒耽棋。人或召饮，意合即剪蝴蝶二三十枚，以气吹之，成队而飞，俄而复在手中。人有求者，即不许。后因醉剪纸鹤二只，以水噀之，翔翥而去。

○又宋庆历中，张九哥能以重罗剪蝶，飞去遮天蔽日，呼还，复为罗。

晋车胤，风姿美劭。太守王胡之谓其父曰："此儿当成卿门户，宜资令学问。"胤每笃学，贫无膏烛。夏月乃作练囊，盛萤火以继日。因尝有大萤，傍书窗，比常萤数倍，读讫即去，其来如风雨至。桓温引为博士，每张宴，胤必与。终吏部尚书。

鸲鹆学语，鹦鹉诵经。

晋司空桓豁镇荆州，有参军于午日剪鸲鹆舌，令学人语。参军善弹琵琶，鸲鹆每倾耳移时。一日，司空大会宾客，使效四座语，无不绝似。惟一人患鼻齆，语难学。因纳头于瓮中效之，遂绝肖。

○又宋天台黄岩寺鸲鹆，能随人念佛。一旦立死笼中，埋之，舌端生紫莲花。

○齆，音瓮。因鼻孔堵塞而发音不清。

《法苑珠林》曰："东都有人养鹦鹉，以其慧甚，施于僧。"僧教之，能诵经，往往架上不言不动。问其故，对曰："身心俱不动，为求无上道。"及其死，焚之，有舍利。

○又唐明皇宫中养一白鹦鹉，慧甚，上及贵妃呼为"雪衣娘"。上每与贵妃诸王博戏，稍不胜，即飞入局中乱其行。后死，埋苑中，封之，号"鹦鹉冢"。

十蒸

公远玩月，法喜观灯。

唐罗公远有道术，中秋夜侍明皇玩月。取拄杖掷之，化为大桥，色如银。行数里，精光夺目。至大城阙，远曰："此月宫门。"榜曰：广寒清虚之府。有素娥数十，皓衣白鸾，舞歌于大桂树下。远曰："此霓裳羽衣曲也。"帝默记其调，及回却步，桥随灭。召梨园制其曲。

唐开元十八年正月望日，帝问天师叶法善，曰："今日何处最丽？"对曰："广陵。"遂化虹桥起殿前，阁阑若画。帝步之，太真、高力士及乐官从行，顷至广陵，寺观陈设之盛。士女仰观，皆曰仙人现云中。帝敕乐官，奏霓裳一曲。数日，广陵奏至，即是夕也。

燕投张说，凤集徐陵。

唐张说，字道济。永泰中，策贤良方正第一。累官至中书令，封燕国公。初，说母梦玉燕投怀，乃孕而生说。早失爱于父，常以奴畜之，杂于佣类。说尝夜收枯树，焚光读书，遂至成名。朝廷大述作，多出其手，与苏颋同称大手笔。

南北朝徐陵，字孝穆。八岁能文，十三通《老》《庄》。宝志公尝摩其顶，曰："此天上石麒麟也。"仕梁武帝，官至尚书。后卒于陈后主时。初，陵母臧氏梦五色云化为凤，集于左肩，已而生陵。陵少子份性至孝，陵尝疾笃，焚香跪泣，诵《孝经》日夜不息。三日，陵疾豁然而愈。

〇份，音彬。

献之书练，夏竦题绫。

晋羊欣，字敬元。年十二，父不疑为乌程令。时王献之为吴兴守，甚爱欣。尝夏月过县，见欣着新练裙昼寝，遂书裙数幅而去。欣本工书，因之益进。沈约云："羊敬元尤长隶书，子敬之后，可以独步。"语曰：买王得羊，不失所望。

〇《翰墨志》云：羊欣书如婢学夫人，举止羞涩。

宋夏竦，字子乔。幼学于姚铉。使为《水赋》，限万字，即成。仁宗朝举制科，有老宦者曰："贤良他日必大用。"以吴绫手巾乞诗。公题曰："殿上衮衣明日月，砚中旗影动龙蛇。纵横礼乐三千字，独对丹墀日未斜。"杨徽之见而叹曰："真宰相才也！"皇佑中拜枢密副使。

安石执拗，味道模棱。

宋王安石，字介甫，临川人。性不好华腴，自奉至俭，衣垢不浣，面垢不洗，世多贤之。苏洵独曰："此不近人情者。"作《辨奸论》以刺之，谓王衍、卢杞合为一人。性强忮，事无可否，自信所见，执意不回，当时称为"拗相公"。然议论高奇，能以辨博济其说，故神宗排众论而力倚任之。

唐苏味道，赵州人。九岁能辞赋。武后朝同平章事，前后在位者数岁，未尝有所发明，惟依阿取容。尝谓人曰："决事不欲明白，误则有悔。但模棱持两端可也。"时谓之模棱手。

〇四方术摸之可左可右，故谓摸棱。摸，一作模。

韩仇良复，汉纪备存。

汉张良，五世相韩。秦灭韩，良往见沧海君，破产募力士。椎始皇于博浪沙中，误中副车。始皇大索十日乃止。良遂以身属汉高，引兵入咸阳，秦灭。韩立成为王，良归相。及项羽杀成，良复归汉，画策灭羽，始终为韩复仇。

季汉刘先主备，中山靖王胜后也。尝奉密诏讨曹操，不克。曹丕篡汉，备乃正位于武儋。紫阳作《纲目》，直以昭烈继献帝，示天下万世知正统也。陈寿《三国志》误以正统与魏，明新安谢陛改其志为《季汉书》，仍以正统归备，斯得之矣。

〇武儋，山名，属成都。

存鲁端木，救赵信陵。

齐田常欲乱，惮高、国、鲍、晏，故移兵伐鲁。孔子曰："鲁，坟墓所处。国危矣，二三子何莫出！"端木赐请行，至齐说田常伐吴。时兵已加鲁，赐因说吴救鲁伐齐。吴虑越，复说越以兵从。与齐战于艾陵，破之，因举兵加晋。赐又说晋与吴战。因会黄池，越遂袭吴。孔子曰："乱齐存鲁，吾之初愿。强晋以敝吴，吴亡而越霸，赐之说也。"

秦围赵，魏公子无忌用侯生之计，使如姬窃兵符于王之卧内，命力士朱亥椎杀晋鄙，夺其军以救赵。秦兵遽退，围解，无忌益重于赵。

〇信陵君名无忌。侯生，名嬴。晋鄙，魏将也。如姬，魏王宠姬。

邵雍识乱，陵母知兴。

宋邵雍，至和间至洛下。偶与客步天津桥，闻杜鹃声，愀然曰："天下将治，地气自北而南；将乱，地气自南而北。禽鸟得气之先。洛阳从无此鸟，今有之，是地气自南而北也。国家必将用南人作相，从此多事矣。"熙宁初，果相王安石，行新法而天下坏。

〇至和，仁宗年号。熙宁，神宗年号。

汉王陵，沛人，聚众属汉。项羽执陵母以招陵。陵使至，母泣曰："幸为语陵：善事汉王。汉王长者，终当得天下，无以老妾故持二心。"遂伏剑而死。

十一尤

琴高赤鲤，李耳青牛。

《列仙传》：琴高，赵人也，以鼓琴为宋康王舍人。后辞，入涿水中取龙子。与弟子期曰："可洁斋候于水旁，设祠屋。"未几，果乘赤鲤来，观者万人。留月余，复入水去。

〇又福建仙游县有九鲤湖，何氏兄弟九人居湖侧。丹成，各乘赤鲤而去。

周李耳，楚苦县人。生李树下，因指树为姓，名之曰耳。相传母怀之八十一岁乃生，生即白首，故号"老子"。字伯阳，又曰聃。始为周守藏吏，后迁柱下史，博通古今。孔子往而问礼焉，叹为犹龙。周衰，乃乘青牛西出函谷关。关吏尹喜望紫气而知真人至，求其术。乃授以所著《道德经》五千余言，渡流沙而去。

明皇羯鼓，炀帝龙舟。

唐明皇好羯鼓，不好听琴。时方奏琴，弄未毕，上叱去，曰："速召花奴取羯鼓来，为我解秽。"

〇花奴，宁王子汝阳王琎小字也，善羯鼓。时戴砑绢帽，帽上安葵花，曲终花不落。明皇又尝取羯鼓临轩纵击，曲名《春光好》。回顾杏花皆发，笑曰："此一事不唤我作天公，可乎？"

〇珒，音津。

隋大业元年八月，炀帝御龙舟幸江都，以左武卫大将军郭衍为前军，右武卫大将军李景为后军，文武官五品以上给楼船，九品以上给黄篾，舳舻相接二百余里，嗣后不复回銮。

〇黄篾，小舟也。舳，音逐，船后持舵处。舻，音卢，船头刺棹处。

羲叔正夏，宋玉悲秋。

帝尧命羲、和二氏制历授时，分职考验。羲叔掌夏，故申命之使居南方交趾之地。凡夏月时物长盛、所当变化之事，则必平均而秩序之，以授于民。又于夏至之午，敬以致日，验其影之长短。又考：夏至昼漏六十刻为最长。初昏，果大火为中星，在午位，则仲夏可正而民时可授矣。

〇传说尧曾命羲仲、羲叔、和仲、和叔两对兄弟分驻四方，以观天象，制订历法。

宋玉，屈原弟子。为楚襄王大夫。悯屈原被放，作《九辩》以悲之。有曰："悲哉，秋之为气也！萧瑟兮草木摇落而变衰。""雁噰噰而南游兮，鹍鸡啁哳而悲鸣。独申旦而不寐兮，哀蟋蟀之宵征。"

〇噰，音佣，鸟和鸣声。鹍，音坤。鹍鸡，一种像天鹅的大鸟。啁哳，音招渣，表示声音烦杂细碎。

〇又作《神女》《高唐》二赋，皆寓言托兴，有所讽也。

才压元白，气吞曹刘。

唐杨嗣复，长庆中继放两榜。父于陵入觐，嗣复率门生往迎，遂大宴宾客于新昌里第。时元稹、白居易皆预。坐客俱即席赋诗，惟杨汝士后成，诗最佳，元白览之失色。汝士醉归，语子弟曰："我今日压倒元白。"其警句云："文章旧价留鸾掖，桃李新阴在鲤庭。"

〇汝士，小字沙哥。嗣复文宗朝入相。稹，音轸。

曹植，字子建。刘桢，字公干。元稹曰："杜子美诗上薄风骚，下该屈宋。志夺苏李，气吞曹刘；掩颜谢之孤标，杂徐庾之纤丽。诗人以来，未有如子美者。"稹题杜诗，又有"目短曹刘墙"之句。

信擒梦泽，翻徙交州。

楚王韩信，淮阴人。初之国，陈兵出入，人有告其反者。高帝用陈平计，伪游云梦。信迎谒，就擒之，载车而归。信叹曰："人言：狡兔死，走狗烹；飞鸟尽，良弓藏；敌国破，谋臣亡。天下已定，臣固当烹。"至洛阳，赦之，封淮阴侯。

〇云梦，泽名，在湖广德安，方九百里。

季汉虞翻，字仲翔，余姚人。曹操辟，不就。吴孙权用为骑都尉。性疏直，触权怒，放置交州。上书曰："自恨疏节，体骨不媚，犯上获罪，当长没海隅。生无可与语，死以青蝇为吊客。使天下有一人知己，足以无恨。"垂髫时，有客候其兄而不过翻。翻遗书曰："琥珀不取腐草，磁石不受曲针。过而不存，宜矣。"客大奇之。

曹参辅汉，周勃安刘。

汉曹参，沛人，以功封平阳侯。惠帝时为齐相，用盖公黄老清净之术，齐国以安。闻萧相薨，告舍人趣治行："吾且入相。"居无何，使者果召参。代何为相，举事无所变更，一遵何约束。吏舍日夜饮酒，欲有言者，辄饮以醇酒，莫能开说。为相三年，薨。民歌曰："萧何为法，颟若画一。曹参代之，守而勿失。载其清净，民以宁一。"

汉绛侯周勃，椎朴少文，可属大事。高帝与吕后论相，曰："曹参可代萧何。王陵戆，陈平可以佐之。然安刘者必勃也。"后吕氏之乱，勃果持节入北军，令曰："为吕氏者右袒，为刘氏者左袒。"军中皆左袒，乃悉捕诸吕，斩之，汉室以安。

太初日月，季野春秋。

季汉夏侯玄，字太初。少知名。仕魏为散骑黄门侍郎，后徙太常。为人清净和温。时人或语之曰："夏侯太初朗朗如日月之入怀。"

○又尝倚柱作书。适狂雷破柱，衣服焦而神色不变，书亦如故。著《乐毅》《张良》及《本无肉刑论》，辞旨通远，咸传于世。

晋褚裒，字季野，阳翟人。少有盛名。桓彝目之曰："褚季野有皮里春秋。"言其外无臧否，内有褒贬也。谢安亦曰："裒虽不言，而四时之气已备。"仕终镇北将军，名冠中兴。

○裒，音抔。否，音鄙。

公超成市，长孺为楼。

汉张楷，字公超。通严氏《春秋》、古文《尚书》。门徒宾客慕之，自父党宿儒皆造其门。车马镇衔，徒从无所止。黄门贵戚家皆起舍巷次，以候过客之利。楷辄徙避之，学者辄随之，所居成市，华阴山南遂有公超市。五府连辟举贤良，皆不就。

宋孙长孺，嗜学聚书，经史百家悉备，建楼藏之，人号"书楼孙氏"。祥符八年，赐五经出身，知广西浔川，政尚仁恕，累官太子中允。

○又曹曾积石为仓以藏书，世名"曹氏书仓"。又宋李溪家世藏书，多至万卷，号"李书楼"。张正亦称"书楼张家"。

楚邱始壮，田豫乞休。

楚邱先生被裘带索见孟尝君。孟尝君曰："先生老矣，春秋高矣，何以教文？"先生曰："使我投石超距乎，追车赴马乎，我则老矣；使我深计而远谋乎，设精神而决嫌疑乎，吾乃始壮耳，何老之有！"

○文，孟尝君名。

季汉田豫，字国让。仕魏为卫尉。乞逊位。司马宣王以豫壮，未听。豫报书曰："年过七十而居位，犹钟鸣漏尽而夜行不休，是罪人也。"遂引疾去，拜大中大夫，食卿禄而终。

○又南北朝虞玩之请退，表云："四十进仕，七十悬车。壮即驰驱，老宜休息。知足不辱，臣知足矣。"

向长损益，韩愈斗牛。

汉向长，字子平，朝歌人。隐居不仕。性尚中和。尝读《易》至损、益卦，喟然叹曰："吾已知富不如贫，贵不如贱，但未知死何如生耳。"嫁娶毕，敕断家事，云："当如我已死。"与同好禽庆游五岳名山，不知所终。

○禽庆，字子夏。

唐韩愈，字退之。作《三星行》云："我生之辰，月宿南斗。牛奋其角，箕张其口。牛不见服箱，斗不挹酒浆。箕独有神灵，无时停簸扬。"东坡尝自谓生时与退之相似。盖退之身宫在斗牛，而坡公之命宫在焉。故《赠虔州术士谢君》诗有"生时宿直斗牛箕"之句，所谓摩蝎宫也。两公生平遭遇相似以此。

琎除酿部，玄拜隐侯。

唐李琎，宁王子，封汝阳王。尝取云梦石鐅泛春渠以蓄酒，作金银龟鱼浮沉其中，为酌酒具，自称酿王兼曲部尚书。少陵《饮中八仙歌》所云："汝阳三斗始朝天"，指琎也。

○鐅，音绉，砌也。

汉王玄，隐侯山。景帝再征不屈，就其山封侯，因名"侯山"。宋之问诗："王玄拜隐侯。"荆公《草堂怀古》诗："周颙宅作阿兰若，娄约身归窣堵波。今日隐侯孙亦老，偶寻陈迹到烟萝。"俱用此。

○窣堵波，一作窣堵坡，言塔也。若，音惹。

公孙东阁，庞统南州。

汉公孙弘，字次卿。家贫，牧豕海上，年四十余乃学《春秋》、杂说。武帝初举贤良，对策第一，拜博士，待诏金马门。元朔中为丞相，封平津侯，开东阁以延贤者，与参谋议。俸禄皆以佐宾客，无余资。饭止脱粟，尝为布被。汲黯指其为诈，而上益厚之。弘尝云："人主病不广大，人臣病不节俭。"

季汉庞统，字士元，德公从子，司马徽称为南州士之冠冕。昭烈使守耒阳，不治，免官。鲁肃遗书先主，曰："庞士元非百里之才。使处治中、别驾之任，始得展其骥足耳。"昭烈召为治中从事，从昭烈入蜀，为流矢所中，卒。

袁耽掷帽，仁杰携裘。

晋袁耽，字彦道，阳夏人。俊迈多能。桓宣武少游于博徒戏，大输，债主敦求甚切。莫知所出，欲求救于耽。耽时居艰，应声许诺，略无嫌吝。遂变服，怀布帽，随温与戏。耽有艺名，债主闻而不识，曰："卿当不办作袁彦道也。"遂就局。十万一掷，直上百万。耽投马叫绝，探布帽掷地，曰："汝今识袁彦道否？"

○温，宣武名。

唐武后赐张昌宗集翠裘，后复令狄仁杰与昌宗赌此裘。狄因指所着紫绔袍，曰："臣以此相敌。"后曰："为不若矣。"狄曰："此大臣朝见奏对之服也。"昌宗累局皆北，梁公遂携裘拜恩而出。

子将月旦，安国阳秋。

汉许劭，字子将。少峻名节，与从兄靖好核论乡党人物。每月辄更其品题，故汝南俗有"月旦评"。初，劭拔樊子昭于市肆，出虞承贤于客舍，召李叔才于无闻，擢郭子瑜于小吏。后为郡功曹，太守徐璆甚敬之。司空杨彪辟举方正，不就。

〇劭谓曹操曰："君，乱世之英雄。"

晋孙盛，字安国。自少至老，手不释卷，著《晋阳秋》，世称良史。桓温见其书枋头败衄之事，怒谓盛子，曰："枋头诚失利，何至如乃公所言！若此史行，自是关君家门户。"诸子泣请为百口计。盛大怒不从，诸子潜改之。

〇桓温伐燕至枋头，秦救燕，遂至败于襄邑。衄，损伤，挫败。

德舆西掖，庾亮南楼。

唐权德舆，字载之，天水人。德宗朝知制诰。在西掖凡八年，风流蕴藉，为缙绅羽仪。后结庐练湖上，蓬蒿满径，宴如也。每遇一胜境，得一佳句，怡然独笑，如获珍宝。元和中，同平章事。凡贵人名士殁后，以铭记请者十有八九，为一世宗匠。

〇宴如也，安然自乐、平定的样子。

晋庾亮，字元规，镇武昌。秋夜气佳景清，佐吏殷浩、王胡之之徒共登南楼理咏。音调始遒，亮忽率左右十许人步来，诸贤欲起避。公徐云："诸君少住。老子于此处兴复不浅。"因便据胡床，与浩等谈咏竟夕。后王逸少下，与丞相言及此事。丞相曰："元规尔时风范不得不小颓。"右军答曰："惟丘壑独存。"

梁吟傀儡，庄梦髑髅。

唐梁锽为《傀儡吟》云："刻木牵丝作老翁，鸡皮鹤发与真同。须臾弄罢寂无事，还似人生一梦中。"傀儡，始于陈平造木偶为汉高解白登之围，后翻为戏。其引歌舞者曰郭郎，秃发善戏笑。故《风俗通》云："诸郭皆讳秃。先世有郭姓病秃者，滑稽调戏，后人为其象，呼之曰郭秃。"

〇傀儡，一作窟磊。汉有寓龙寓车马，皆刻木为之。

庄子之楚，见空髑髅，橄以马捶。问曰："夫子贪生失理而为此乎？将子有亡国之事、斧钺之诛而为此乎？"云云。语卒，援髑髅枕而卧。夜半，髑髅见梦曰："子所言皆生人之累也，死则无此。无君于上，无臣于下，亦无四时之事，徒然以天地为春秋，虽南面王乐不能过也。"

孟称清发，殷号风流。

唐孟浩然，学不为儒，务掇菁藻；文不按古，匠心独步。闲过秘省，秋月新霁，诸英华赋诗。浩然咏曰："微云淡河汉，疏雨滴梧桐。"举坐叹其清绝。文不为仕故或迟，行不为饰故似诞，游不为利故常贫。士源笔赞曰："导漾挺灵，实生楚英，浩然清发，亦其自名。"

〇浩然，名浩，以字行。

晋殷浩，羡子，字深源，西华人。识度清远，弱冠有盛名，好《老》《易》，为风流谈论者所宗。屏居几十年，时人比之管葛。王蒙、谢尚伺其出处，以卜江左兴亡，曰："深源不起，当如苍生何！"

○简文时假节钺，后为桓温所忌，竟废。

见讥子敬，犯忌杨修。

晋王献之，字子敬。数岁时，观逸少门生摴蒱。曰："南风不竞。"门生曰："此郎于管中窥豹，特见一斑。"献之怒，拂衣而去。

○摴，音枢，从手。摴蒱，古代的一种游戏，类似现在的掷色子。

季汉杨修，字德祖。为曹操主簿。从操至江，读曹娥碑。背有八字，云："黄绢幼妇，外孙齑臼"。操不解，问修曰："卿知否？"修曰："知之。"曰："且勿言，待吾思之。"行三十里乃得之，令修解。曰："黄绢，色丝；色丝，绝字。幼妇，少女；少女，妙字。外孙，女子；女子，好字。齑臼，受辛；受辛，辞字。乃'绝妙好辞'也。"操曰："正合孤意。"由是深忌修。后诬他事杀之。

○齑，音击，姜、蒜、韭菜等辛辣调味品。臼，音旧，捣舂器具。受"辛"料之器具。"辤"乃"辞"的古体字。

荀息累卵，王基载舟。

晋灵公造九层台，三年不成，人力困散。息曰："臣能累十二棋子，加九卵于上。"公曰："危哉！"息曰："不危。公造九层台，三年不成，男不耕，女不织，危孰甚焉！"公悟，乃辍工谢之。

季汉王基，仕魏为征南将军，迁中书侍郎。魏主丕土木繁兴，基上疏曰："古人以水喻民曰：水所以载舟，亦所以覆舟。颜渊曰：东野毕之御，马力尽矣，而求进不已，殆将败矣。今事役劳苦，男女离旷，愿陛下深察东野之敝，留意水舟之喻。"

沙鸥可狎，蕉鹿难求。

《列子》曰："海上之人有好沤鸟者，每旦之海上，从沤鸟游。沤鸟之至者百数而不止。"其父曰："吾闻沤鸟皆从汝游，汝取来吾玩之。"明日之海上，沤鸟舞而不下也。故曰："至言去言，至为无为。"

○李商隐笺："海翁忘机，鸥故不飞；海翁易虑，鸥乃飞去。"

《列子》曰：郑人有薪于野者，遇骇鹿，毙之。恐人之见之也，藏于隍中，覆之以蕉。俄而遗其所藏之处，遂以为梦焉，顺途咏其事。傍有闻者，用其言而取之，归告其室人，以为彼真梦者矣。薪者归，乃梦藏之之处，又梦得之之主。爽旦，讼而归之士师，二分之，以闻郑君。郑君曰："嘻！士师将复梦分人鹿乎？"

○隍，音皇，濠也。

黄联池上，杨咏楼头。

宋黄镒，七岁不能言，其祖喜其风骨之美，遇物诲之。一日，携至池上。祖曰："水马池中走。"忽对曰："游鱼波上浮。"后任台阁。

○镒，一作鉴。

〇宋许应龙，五岁通经旨。客曰："小儿气食牛。"应声对曰："丈夫才吐风。"四座嘉叹。

宋杨亿，祖文逸，南唐玉山令。梦怀玉山人来，觉而亿生。数岁不能言。一日，家人抱之登楼，误触其首。即吟曰："危楼高百尺，手可摘星辰。不敢高声语，恐惊天上人。"七岁善属文。从祖徽之常与语，叹曰："兴吾门者在汝矣。"后擢进士，两为翰林学士。

〇《金玉诗话》载此诗为李太白作。

曹兵迅速，李使迟留。

曹操以江陵有军实，恐先主据之，乃将精骑三千急追之。一日一夜行三百余里，败先主于长坂。诸葛亮说孙权曰："操众远来疲敝，所谓强弩之末，势不能穿鲁缟者也。故兵法忌之，曰必蹶。"权遂以水军三万，与先主拼力拒曹兵于赤壁，纵火焚其军。

〇缟，音杲，缯也。

汉李郃，南郑人。为府吏。窦宪纳妻，天下皆通礼庆。守欲遣使往贺，郃曰："窦将军恃宠骄纵，危可立待，幸勿与交。"守不听，郃乃请行。道次，故为迟留，至扶风而宪已败。凡交通者悉免官，惟汉中守不与，郃之力也。后累官至司空。

〇郃，音合，李固之父。

孔明流马，田单火牛。

季汉后主建兴九年，诸葛亮复出祁山，以木牛运粮，尽退敌军。与魏张郃战，射杀郃。十二年春，亮悉大众由斜谷出，以流马运，据武功五丈原，与司马懿对于渭南。恐粮尽，分兵屯田。

〇作木牛流马法见亮集。又葛由，成王时好刻木羊卖之。一日，忽骑羊上绥山仙去。

周田单，齐人。初为临淄市掾。燕伐齐，尽降其地，惟莒、即墨不下。即墨人以其智，立为将军。单乃收城中千余牛，衣以绛缯，画豹文；束刃于角，缚苇于尾，灌脂于苇。夜凿城数十穴，燃苇端，以壮士五千人随其后。奔燕师，大败之，尽复齐七十余城。迎襄王于莒而立之。封平安君。

五侯奇膳，九婢珍馐。

汉楼护，字君卿，元成间人。时王氏五侯不相能，宾客不得往来。惟楼护丰辨，传食五侯间，各得其欢心。与谷永同为五侯上客。长安语曰："谷子云笔札，楼君卿唇舌。"言其见信用也。每旦，五侯竞致奇膳，护乃合以为鲭，世称"五侯鲭"，以为奇味焉。

〇子云，永字。鲭，音征。

唐段文昌，字墨卿。封邹平公。精馔事。第中庖所榜曰"炼珍堂"，在涂号"行珍馆"。家有老婢掌其法，指授女仆。凡阅百婢，独九婢可嗣法。文昌又自编《食经》五十卷，时称"邹平公食宪章"。

光安耕钓，方慕巢由。

汉严光，一名遵，字子陵，小字狂奴。少与光武同学。光武物色求之，光被裘钓泽中。使三反后至。幸其馆，光卧不起。帝抚其腹，曰："咄咄子陵，不可相助为理耶？"寻共卧，又足加帝腹。太史奏：客星犯帝座其急。帝笑曰："朕与故人严子陵共卧耳。"不屈，归耕富春山。前临桐江，上有钓台，清丽奇绝，号锦峰绣岭。

汉薛方，字子容。王莽时清节士也。莽以安车迎之，方谢曰："尧舜在上，下有巢由。今明王方隆唐虞之德，小臣欲守箕山之节。"莽悦，不复强。

〇许由，字武仲，阳城槐里人。尧让以天下，不受。与友巢父遁，耕于中岳颍水之阳，箕山之下。

适嵇命驾，访戴操舟。

晋吕安与嵇康善，每一相思，千里命驾。尝造康，值康不在。康兄喜延之，不入，书"凤"字于门而去。喜以为善，康归，示之。曰："凤"字，凡鸟也。

〇王摩诘诗"到门不敢提凡鸟"，用此。

〇李安义谒富人郑生，辞以他出。安义大书"牛"字于门，谓牛不出头也。

晋王徽之，字子猷。风流冠一时。为桓冲参军。冲曰："卿在府日久，比当相料理。"徽之初不酬答，但以手板拄颊，云："西山朝来，致有爽气。"尝居山阴，夜雪初霁，月色清朗，眠觉，开室命酌，四望皎然。因咏左思《招饮》诗，忽忆戴安道。戴时在剡溪，便乘小舟诣之，经宿方至，造门不前，曰："乘兴而来，兴尽而返，何必见戴！"

篆推史籀，隶善钟繇。

《书断》云：古文者，黄帝史苍颉所造也；大篆者，周宣王太史籀所作也。或又云：籀，秦时卜士，变鸟迹为大篆；李斯变为小篆。

〇李阳冰与李夫人书云：某意在古篆，于天地山川得方圆流峙之状，于日月星辰得经纬昭回之度，于云汉草木得敷布滋曼之容，于文物衣冠得揖逊周旋之体。

季汉钟繇，字元常，长葛人。善隶书。少随刘胜往抱犊山学书三年。比还，见蔡邕笔法于韦诞，苦求不与。及诞死，乃盗其墓得之。尝曰："用笔者，天也；流美者，地也；非凡庸所知。"临终，探囊授子会，曰："吾精思学书，学其用笔。若与人居，画地广数步，卧画被穿过表，如厕至于忘归，见万类皆画象之。"

邵瓜五色，李橘千头。

秦邵平，广陵人。封东陵侯。今广陵有东陵亭，疑即平所封之地。秦亡，为布衣，种瓜长安城东。瓜有五色，甚美，世称之东陵瓜，又云青门瓜。青门即东门也。见阮籍《咏怀诗》。

〇邵平，一作召平。按召平有三人：《史记》无种瓜事；《六国表》：楚怀王十年城广陵；《项羽本纪》："广陵人召平于是为陈王。"

季汉李衡，武陵人。为丹阳太守。每欲治家，妻习氏不许。衡密遣十人于龙阳洲作宅，种橘其上。临终，敕其子曰："汝母恶吾管家，故家贫如此。吾汜州有千头木奴，不责汝衣食，岁可得千绢，亦足汝用矣。"汜州在龙阳县，长二十里。

○东坡诗："山中奴婢橘千头"，用此。

芳留玉带，琳卜金瓯。

东坡在金山留玉带镇山，佛印报以裙衲，此千古韵事。明李春芳，少读书句容崇明寺，世庙中掇大魁。寄主僧诗云："年年山寺听鸣钟，匹马长安忆远公。异日定须留玉带，题诗未可着纱笼。"后大拜，留玉带寺中。架楼贮之，名玉带楼。工于袭取如此。

○又杨文襄留玉带镇焦山，方豪有诗。文襄，名一清，云南人，卜筑京口。

唐崔琳，玄宗朝大拜。先书其名，覆以金瓯。会太子入，帝谓曰："此宰相名，若自意之谁乎？"太子曰："非崔琳、卢从愿乎？"帝曰："然。"两人有宰相名望。然开元贤相各有长：姚崇尚通，宋璟尚法，张嘉贞尚吏，张说尚文，李元纮、杜暹尚俭，韩休、张九龄尚直，而两人不预。

孙阳识马，丙吉问牛。

孙阳即伯乐，善相马，一顾而价增十倍。尝过虞坂，有骐骥伏于盐车之下。伯乐下车泣之。骥于是俯而喷，仰而鸣，声闻于天。以伯乐之能知己也。

○伯乐，本星名，阳以为字。又九方皋之相马，得之于牝牡骊黄之外。

汉丙吉，字少卿，又云字子阳。宣帝朝为相，尚宽大，好礼让。尝出，逢群斗，死伤不问。闻道旁牛喘，使问：逐牛行几里矣？或讥之，吉曰："民斗，京兆所当禁。方春未热，恐以暑致喘，则时气失节。三公燮理阴阳，职当忧也。"时人以为知礼。

○喘，音舛。

盖忘苏隙，聂报严仇。

汉盖勋，字元固，敦煌人。家世三千石。梁鹄为州刺史，欲杀从事苏正和，访之于勋。勋素与正和有隙，或劝其乘此以报。勋曰："乘人之危，不仁。"乃谏鹄而止。正和造谢，勋不见，曰："吾为梁使君谋耳，非为苏郎也。"董卓废少帝，勋与言曰："贺者在门，吊者在庐，可不慎哉！"

○按此盖字当作盍。

周聂政，轵人。时严仲子与韩相侠累有仇，欲报之。闻政勇，乃奉黄金百镒为政母寿。政以母在，不许。及母死，伏行独剑刺杀侠累，自披面抉目而死。暴尸，购识者。其姊往哭之，曰："是轵深井里聂政也，妾敢畏诛而没贤弟之名！"遂死尸旁。

公艺百忍，孙昉四休。

唐张公艺，寿张人。九世同居。高宗封泰山还，幸其宅，召见。问所以能睦族之道，公艺请纸笔以对。乃书"忍"字百余以进。帝善之，命赐缣帛百匹。

○又南北朝博陵李凡，七世共居同财，家有二十二房，一百九十八口，长幼济济。太原郭世俊亦七世同居。南唐江州陈氏五代同居。明初浦江郑氏同居九世，称天下第一家。

宋孙昉，字景初。为太医。自号四休居士。山谷问其故，对曰："粗茶淡饭饱即休，补破遮寒暖即休，三平二满过即休，不贪不妒老即体。"山谷曰："此安乐法也。"

○三平二满与七上八下同，见《山堂肆考》。

钱塘驿邸，燕子楼头。

宋代陶谷，字秀实，新平人。使江南，崖岸甚峻。寓钱塘驿，韩熙载命妓秦弱兰诈为驿吏女，进洒扫。谷悦之。弱兰求词，谷作《风光好》赠之，云："好姻缘，恶姻缘，奈何天。只得邮亭一夜眠，别神仙。琵琶拨尽相思调，知音少。待得鸾胶续断弦，是何年？"李后主煜宴谷，命妓歌之。谷大沮，即日北还。

唐张建封，镇徐州，有舞妓盼盼居燕子楼。公殁，誓不他适，有《燕子楼诗》三百首。白乐天序之。又作二绝云："满窗明月满楼霜，被冷灯残拂卧床。燕子楼中霜月苦，秋宵只为一人长。""今春有客洛阳回，曾到尚书冢上来。见说白杨堪作柱，争教红粉不成灰。"盼盼见诗，坠楼而死。

十二侵

苏耽橘井，董奉杏林。

南北朝苏耽，郴州桂阳人。事母以孝闻。将仙去，留柜与母，曰："所需即有。"预知后二年里当大疫，乃植橘凿井，曰："食橘一叶，饮水一盏自愈。"忽有白鹤数十降于门，遂仙去。后果疫，母用其言以疗疾，皆愈。后化鹤来止郡城，以爪攫楼板，云："城郭是，人民非，三百甲子一来归。吾是苏仙，惮我何为？"

〇耽，一作聃，宋赐号冲素真人。

晋董奉，字君异，侯官人。居庐山，有道术，为人治病不取钱。病重者，令种杏五株，轻者一株。数年成林，子熟时作一仓，令买者随器之大小易以谷。若置谷少取杏多，群虎即吼逐之。所得谷悉以赈贫者，兼供给行旅。岁消三千斛，谷尚有余。

〇奉仙去，妻女犹守其宅，卖杏取给。有欺之者，虎逐如故。

汉宣读令，夏禹惜阴。

汉宣帝时，魏相奏请明经通知阴阳者四人，各主一时之令。明言所识，以和阴阳，如高祖时，令谒者赵尧举春、李舜举夏、倪阳举秋、贡禹举冬之类。帝从之。

〇谒者，汉官名。

夏大禹尝言，人当惜寸阴。陶侃为荆州，语人曰："大禹圣人，乃惜寸阴；至于吾等，尤当惜分阴。岂可逸游荒醉，生无益于时，死无闻于后，是自弃也。"

〇今桐城枞阳镇有惜阴亭，盖侃曾为枞阳令，后人立亭志思耳。又葛洪束发从师，老而不倦，贱尺宝而惜分阴。

蒙恬造笔，太昊制琴。

秦蒙恬始作笔，以枯木为管，鹿尾为柱，羊毛为被，非若今之兔毫竹管也。昌黎《毛颖传》似误。又许慎《说文》云："楚谓之聿，吴谓之不律，燕谓之弗，秦谓之笔。"如此，则诸国皆有其制，始皇并吞，灭前代之美，而秦笔始独称。恬或稍为损益耳。《尔雅》云：不律谓之笔。《博物志》又云：舜作笔。是古已有笔矣。

太昊金天氏，伏羲也。断桐为琴，絚丝为弦，弦二十有七，以通神明之贶，以合天人之和，而音乐始兴。陈旸《乐书》则云："或谓伏羲作，或谓神农作，或谓帝俊使晏龙作。而其详言之制，则只属中古以后，非伏羲初制也。"

○今琴七弦，则宫、商、角、徵、羽加少宫、少商。

敬微谢馈，明善辞金。

南北朝宗测，字敬微。性静退，不乐人间。闲居江陵，欲游名山，赍《老》《庄》自随。子孙拜送悲泣，测长啸不顾。遂往庐山，止祖少文旧宅。鱼复侯子响为江州，厚馈遗。测曰："少有狂疾，寻山采药，远来至此。量腹而进松籽，度形而衣薜萝。澹然已不足，岂容当此横施！"谢不受。

元元明善，尝副一蒙古出使交趾。及还，国人赆以兼金，蒙古受之，明善不受。国王曰："彼使臣已受矣，公何固辞？"明善曰："彼所以受者，安小国之心；我所以不受者，全大国之体。"明善有《舣槎亭记》。

○蒙古，北夷之仕元者。

睢阳嚼齿，金藏披心。

唐安禄山反，张巡守雍丘，屡与贼战。安庆绪杀禄山，使贼将尹子奇攻睢阳。巡守睢阳，与许远拒却之。每战大呼，嚼齿皆碎。后巡死，子奇视之，齿之存者不过三四耳。故东坡帖云："张睢阳生犹骂贼，嚼齿穿龈；颜平原死不忘君，握拳透爪。"

○龈，音银，齿根肉也。

武后时有诬皇嗣反者，后命来俊臣鞫。安金藏时为太常乐工，大呼曰："皇嗣不反。公若不信，吾请剖心明之。"即引佩刀自剖其腹，五脏皆出。太后令舆入官，傅以药，经宿始苏。后叹曰："吾有子不能自明，使汝至此。"乃命停鞫。睿宗由是得免。

○鞫，音菊。舆，音预。

固言柳汁，玄德桑阴。

唐李固言未第时，行柳树下，闻有弹指声。问之，答曰："吾柳神九烈君，已用柳汁染子衣矣。果得蓝袍，当以枣糕饲我。"未几，状元及第。文宗朝拜中书同平章事。见《三峰集》。

季汉刘备，字玄德。家涿县。少孤，与母贩屦织席为业。舍东南角篱上有桑树生高五丈余，遥望童童如车盖，往来者皆怪此树非凡。邑人李定云："此家必出贵人。"玄德少时，与宗中诸小儿常戏桑阴之下，曰："吾必当乘此羽葆盖车。"叔父子敬曰："汝勿妄语，灭吾门也。"后为徐州牧，与吴魏争衡，卒都蜀。

姜桂敦复，松柏世林。

宋晏敦复，字景初。初为左司谏。两月间论驳二十四事，举朝惮之。秦桧使人致意，曰："公能委曲，要路旦夕可致。"

敦复曰："姜桂之性，老而愈辣。吾岂为身计误国耶！"高宗尝曰："卿骨鲠敢言，可谓无忝尔祖矣。"

○敦复，晏殊曾孙。

季汉宗世林与魏武同时，而甚薄其为人，不与之交。及魏武作司空，总朝政，从容问曰："可以交未？"答曰："松柏之志犹存。"世林既以忤志见疏，位不配德。文帝兄弟每造其门，皆独拜于床下，其见重于此。

○又诸葛亮每造庞德公，独拜床下，德公初不令止。

杜预传癖，刘峻书淫。

晋杜预，字元凯，西安人。耽思经籍，为《春秋左氏经传集解》。又参考众家谱第，谓之释例，备成一家之学。比老乃成，人未知之，惟挚虞乃称其美。时王济解相马，又甚爱之。而和峤颇聚敛。预常称济有马癖，峤有钱癖。武帝闻之，谓预曰："卿有何癖？"对曰："臣有《左传》癖。"

○预，又称杜武库，以平吴功封当阳伯。

南北朝刘峻，字孝标。自课读书，常燎麻炬从夕达旦。时或昏睡，爇其鬓发，及觉复读。闻有异书，必往祈借。崔慰祖谓之"书淫"。梁末，隐金华山，著《山栖志》，注《世说新语》，识者谓前无古人。

○爇，音雪。又窦氏子弟皆喜武，独窦威尚文，诸兄诋为书痴。

钟会窃剑，不疑盗金。

晋钟会为荀勖从舅，二人情好不协。荀有宝剑值百万，母钟夫人收藏。会善书，学荀手迹，作书与母取剑，遂窃去不还。荀知是钟而无由得，恒思报之。适钟兄弟以千万起一宅，甚精丽。未及移居，荀极善画，乃潜往画钟门堂，作太傅像，衣冠状貌如生平。二钟入门，便大感恸，宅遂空废。

汉直不疑，南阳人。文帝时为郎。同舍有告归者，误持同舍郎金去。金主意不疑，不疑谢有之，买金偿。后告归者来归金，而前郎之亡金者大惭。以此称为长者。景帝朝为御史大夫，以功封塞侯。

〇不疑系楚人，直躬之后。

桓伊弄笛，子昂碎琴。

晋桓伊，字叔夏，亳人。善音乐，为江左第一。得蔡邕柯亭笛，尝自吹之。王子猷泊舟轻溪，知伊名而不相识。偶自岸上过，船中客呼伊小字，曰："此桓野王也。"子猷令人语之曰："闻君善笛，试为我一奏。"时桓已贵显，闻王名即便下车，踞胡床为作三调。弄毕，遂上车去，主客不交一言。今其地名邀笛步。

唐陈子昂，字伯玉，梓州射洪人。累迁右卫参军。初入京未遇，有卖胡琴者价百万，豪贵传示无辨者。子昂辇千缗市之。众惊问，曰："余善此乐，明旦可即宣扬。"里众如期至。饮毕，笑曰："蜀人陈子昂，有文百轴，碌碌尘土，不为人知。此乐贱工耳，岂足留心！"举琴碎之，以文轴遍赠诸人，一日名震京师。

琴张礼意，苏轼文心。

周琴牢，字子张，与子桑户、孟之反三人为友，相视而笑，莫逆于心。子桑户死，孔子使子贡往待事焉。二人鼓琴而歌曰："嗟来桑户乎，嗟来桑户乎！而已反其真，而我独为人。猗！"子贡趋进曰："敢问临丧而歌，礼乎？"二人相视而笑，曰："是恶知礼意！"子贡以告。孔子曰："彼游方之外者也，而丘游方之内者也。"

○猗，音伊，叹辞。

宋苏轼为文浑涵光芒，雄视百世。尝谓刘景文曰："某生平无快意事，惟作文，意之所到，则笔力曲折，无不尽意，自谓世间乐事，无复逾此。"

○景文，刘季孙字。又杨大年作文则与门人宾客饮博，投壶奕棋，语笑喧哗，而不妨缔思。

公权隐谏，蕴古详箴。

唐穆宗见观察判官柳公权书迹，爱之，以公权为右拾遗侍书学士。上问柳书何能如是之善，对曰："用笔在心，心正则笔正，笔正乃可法矣。"时帝荒纵，故公权及之。上默然改容，悟其以笔谏矣。

○柳字诚悬，华原人。兄公绰寓书宰相李宗闵，言："家弟本志儒学，先朝以侍书见用，颇类工祝，愿徙散秩。"乃改弘文馆学士。

唐张蕴古，武德末上《大宝箴》。其略曰："圣人受命，拯溺亨屯，故以一人治天下，不以天下奉一人。"又曰："壮九重于内，所居不过容膝；彼昏不知，瑶其台而琼其室。罗八珍于前，所食不过适口；惟狂罔念，丘其糟而池其酒。"又曰："勿浑浑而浊，勿皎皎而清，勿汶汶而暗，勿察察而明。虽冕旒蔽目而视于未形，虽黈纩塞耳而听于无声。"

〇亨屯，使危难困厄得到解决之意。旒，音流，古代旌旗下边或边缘上悬垂的装饰品。黈纩，音头（上声）旷，过去冠冕之上垂两耳旁的绵制小球。

广平作赋，何逊行吟。

唐宋璟，字广平。皮日休序其集，曰："广平为相，贞资劲质，刚态毅状。疑其铁肠与石心，不解吐婉媚辞。睹其文，有《梅花赋》，清便富艳，得南朝徐、庾体，殊不类其为人。"

〇徐，徐陵。庾，庾信。李纲自云：广平《梅花赋》已缺，己尝补作之。

南北朝何逊，字仲言，郯人。官水利部郎，仕梁为扬州法曹。公廨有梅一株，逊常吟咏其下。后居洛阳，思梅花不得，因请再任扬州，从之。至日，花适盛开，逊于东阁延诸名士醉赏之，笑傲终日。杜诗"东阁官梅动诗兴，还如何逊在扬州"，用此。

〇一云逊为梁建安王掌书记，乃建业之扬州。以广陵为扬州，自隋始。

荆山泣玉，梦穴唾金。

卞和，楚寿春人。得荆山璞玉，献之楚王。以为诈，刖左足。又献之武王，以为诈，刖右足。文王即位，和抱璞泣血而言曰："臣非悲刖，宝玉而题之以石，贞士而名之以诈，所以悲也。"王使玉人琢之，果得璧。封零陵侯，不就。今怀远县抱璞岩，相传和之遗迹。

○刖，音月。

南康武都县西沿江有石室，名梦穴。尝有船人，遇一人通身黄衣，担黄纸二笼，求寄载。过崖下，其人唾船上，径下崖，入石中。船人初甚愆，见其入石，始知神异。视船上唾，悉是黄金。见任昉《述异记》。唾，拖去声。

孟嘉落帽，宋玉披襟。

晋孟嘉，字万年，江夏鄂人。少知名，太尉庾亮领江州，辟为从事。亮尝正旦大会客，豫章太守褚衷问嘉安在。亮曰："在坐，卿当自觅。"衷历观嘉曰："此君小异。"亮由是益重嘉。后为桓公参军。温九日宴龙山，佐使并着戎服。风吹嘉帽堕落，嘉不觉。良久，如厕，温命孙盛为文嘲之。嘉还，即请笔作答，文辞超卓，四坐叹赏。

○衷，音抔。

楚襄王游于兰台之宫，宋玉、景差侍。有风飒然而至，王乃披襟而当之，曰："快哉此风，寡人所与庶人共者邪？"玉曰："此大王之风，庶人安得共之！夫风入于深宫，经于洞房，清清泠泠，愈病析酲，发明耳目，宁体便人，此谓大王之雄风。塕然起于穷巷之间，动沙堁，吹死灰，憯凄郁邑，殴温致湿，此谓庶人之雌风也。"

○醒，音成，喝醉了神志不清。堨，音蓊。堨然，风突然而起的样子。懑溷，音顿混，烦乱且浊的样子。殴，同"驱"。

沫经三败，获被七擒。

鲁人曹沫，以勇力事庄公。桓公伐鲁，庄公请献隧邑以平。鲁与齐会盟于柯，沫以匕首劫桓公于坛上，曰："反鲁之侵地！"桓公许之，遂归沫三败所亡之地于鲁。诸侯闻之，皆信齐而归附焉。

○匕首，剑属。

雍闿杀永昌太守附吴，使郡人孟获诱诸夷叛。诸葛亮往讨之。马谡送之，曰："用兵之道，攻心为上。愿公服其心。"亮至南中，斩雍闿，收孟获。七擒七纵，亮犹遣获。获止不去，曰："公天威也，南人不复反矣。"于是悉收获等，以为汉之官属。

○闿，音恺。谡，音速。

易牙调味，钟子聆音。

易牙，雍人，名巫，牙其字也。善调味，能辨淄渑之水，有宠于齐桓公夫人卫共姬，乃因寺人貂荐于公。公曰："子善调味乎？吾盖尝天下之味矣，惟蒸婴儿之味未尝。"巫遂蒸其子以献，自是亦有宠于公。因说立共姬子武孟，许之。

○淄，音支；渑，音成，二水名。

钟子期，楚人，钟仪之族。伯牙学于成连先生，善鼓琴。子期听之。意在高山，子期曰："巍巍乎若泰山！"志在流水，子期曰："荡荡乎若流水！"子期死，世无知音，伯牙遂绝弦，不复鼓琴。

　　○《吕氏春秋》高诱注：伯氏牙名，或作雅。又云：钟子期夜闻击磬而悲。

　　○今汉阳北二里有琴台，相传钟子期遗迹。

令狐冰语，司马琴心。

　　晋令狐策梦立冰上，与冰下人语。索纮曰："冰上为阳，冰下为阴。为阳语阴，乃媒介事也。士如归妻，迨冰未泮。君其为人媒介乎！"会太守田豹因策求张公徵女为妇，至仲春而成婚。

　　○又索充梦虏脱上衣，纮曰："此男字，当生男。"张邈奉使诣州，梦狼啮脚，纮曰："脚肉被啮，却字也，必不行。"占皆验。

　　○策，令狐文子之后。令，音陵。

　　汉司马相如，小字犬子。宦游不遂，过临邛，素与令王吉善，吉重之。富人卓王孙为具召之，并召令。酒酣，吉请相如鼓琴自娱。是时王孙有女新寡，好音，故相如谬与令相重，而以琴心挑之。文君心悦而好之，遂夜亡奔相如。相如乃与驰归成都，当垆贳酒焉。

　　○贳，音是，卖。

灭明毁璧，庞蕴投金。

　　澹台灭明，字子羽，费人。赍千金之璧渡河。河伯欲其璧，波大起，两蛟挟舟。子羽曰："吾可以义求，不可以威劫。"乃左操璧，右操剑斩蛟。蛟死波平，乃投璧于河。三投辄跃起，子羽乃毁之而去。

○后子羽子溺死于江，弟子欲收葬之。子羽曰："蝼蚁何亲？鱼鳖何仇？"遂不收葬。

唐庞蕴，字道玄，衡阳人。在家修道，徙居襄阳，世号为庞居士。《金刚科仪》云：居士庞公将家财而悉沉沧海。注云：居士曾造铁船，将家财金帛载之沉于海。临终招刺史于颐，谓曰："但愿空诸所有，慎勿实诸所无。"女灵照，亦修行。

左思三赋，程颐四箴。

晋左思，字太冲。欲赋蜀、吴、魏三都，因求为秘书郎。构思十年，门庭藩溷，皆著纸笔；偶得一句，即便疏入。赋成，张华见曰："君文未重于世，宜经高明之士。"乃就皇甫谧。谧作序，非之者乃转相传写，洛阳为之纸贵。初，陆士衡亦拟作，与弟书有曰："此间有一伧父，欲赋三都，须成以覆酒瓿。"及赋出，乃叹服辍笔。

○伧，音枪。藩溷，篱笆和厕所。

宋程颐，世称伊川先生，谥曰正。作视、听、言、动四箴以自警。朱子备录于《颜子问仁章》注内，盖以其发明亲切，学者所宜深思玩索而服膺弗失也。

○《内则》云：纫箴请补缀。又医者以箴石刺病。故凡有所讽刺而救其失，谓之箴。

十三覃

陶母截发，姜后脱簪。

晋陶侃母湛氏，新喻人。为陶丹妾而生侃。家酷贫。一日，范逵过访。会大雪，湛乃撤所卧荐，剉给其马，密剪其发易酒肴款之。逵闻而叹曰："非此母不生此子。"因荐侃孝廉。侃平王敦、苏峻有功，拜太尉，封长沙郡公。

○剉，蹉去声。

周宣王尝晏起，姜后脱簪珥待罪于永巷，使傅母通言于王。曰："妾不才，至使君王乐色而忘德，失礼而晏起。祸乱之兴自婢子始，敢请罪。"王曰："寡人不德，实自生过，非夫人罪也。"自是勤于政事，早朝晏罢，卒成中兴。

○永巷，内庭长巷，中有禁狱。

达摩面壁，弥勒同龛。

达摩大师，南天竺国香至王第三子。遇西天二十七祖，得法；泛重溟，三周寒暑，达于南海。梁武迎至金陵，机不相契，潜止嵩山少林寺，面壁而坐，终日默然。人莫之测，谓之壁观。越九年，以法付慧可，于千圣寺涅槃，葬熊耳山。魏宋云奉使西域回，遇于葱岭，携只履独游。云问师何往，师曰："反西天耳。"

《淳化阁帖》唐褚遂良书内有云："法师道体安居，深以为

慰耳。复闻久弃尘滓，与弥勒同龛，一食清斋，六时禅诵，得果
已来，将无退转也。"

　　〇东坡《自金山放船至焦山》诗云："只有弥勒为同龛"，
亦指老僧言。

　　〇藏经云：弥勒佛，元日生。

龙逢极谏，王衍清谈。

　　夏桀暴虐，瞿山地裂及泉，桀发徒凿之，谏者死。关龙逢
曰："人君节用爱人。今君用财若无穷，杀人若不胜，民心已
去，天命不祐，盍少悛乎！"桀曰："吾有天下，如天之有日，
日亡吾乃亡。"遂囚龙逢，杀之。汤使人往哭，桀怒，囚汤夏
台，久乃得释。

　　〇悛，音迁。

　　晋王衍，字夷甫。惠帝朝为尚书令。善谈《老》《庄》，
世号"口中雌黄"。初为元城令，终日清谈，县事亦理。每捉玉
柄麈尾，与手同色。少时，山涛见之，嗟叹良久，曰："何物老
妪，生此宁馨儿！然误天下苍生者，未必非此人也。"为石勒所
害。

　　〇麈，音主。群鹿所往，以麈尾所转为准，故谈者执之。

青威漠北，彬下江南。

　　汉卫青，本姓郑，字仲卿。微时，一钳徒相之曰："贵人
也，官至封侯。"青笑曰："人奴之生，得无笞罪足矣。"武帝
朝拜大中大夫，七出击匈奴，果立大功，威镇漠北。待士卒有

恩，遇士大夫以礼，封长平侯。

〇钳，音黔。漠北，阴山之北。

宋曹彬，字国华。李煜据江南，宋太宗命彬往下之。彬缓师不迫，冀煜来归。城垂克，彬忽称疾。诸将问之，彬曰："余疾非药所能愈，惟诸公诚心自誓，城下之日不妄杀一人，则自愈。"诸将许诺，焚香为誓。明日，城陷，煜诣军门降，待以宾礼。彬还朝，自云："奉敕差往江南勾当公事回。"其有功不伐如此。谥武惠。

遐福郭令，上寿童参。

唐郭子仪，华州人。从军沙漠，间以役回银州。七夕夜见空中赤光，軿车绣幄中坐美女，垂足于床，自天而下。子仪意是织女，乃拜祝。女笑曰："大富贵，亦寿考。"言讫，冉冉而去。后仕至中书令，凡二十四考。家人三千。麾下士多贵至王公，常颐指役使。八子七婿皆朝廷显官。诸孙数十人，每问安不能尽辨，惟颔之而已。

〇軿，音屏，古代一种有帷幔的车，多供妇女乘坐。

宋童参，瓯宁人。性淳朴，隐于耕。仁宗元年，参年百有三岁，赐敕慰劳，云："古者天子巡狩方岳，问百年者就见之。今汝黄发鲐背，以上寿闻，其可使与编氓齿乎！往以忠孝教而子孙。"授承务郎，逾年卒。子珪，登进士。

〇老人气衰，皮肤清癯，背若鲐鱼，故曰鲐背。

郗愔启箧，殷羡投函。

晋郗超，字方回，金乡人。与王珣俱为桓温掾。府中语曰："髯参军，短主簿，能令公喜，能令公怒。"温入朝，谢安、王坦之诣温，温令超卧帐中听客语。风开帐，安笑曰："郗生可谓入幕之宾。"超将死，以箱授门生曰："父若哀悼，可呈此箱。"愔果损眠食，门生呈箱，皆与温往来密札。愔怒曰："死晚矣！"遂不复哀。

晋殷羡，字洪乔，西华人。建元中为豫章太守，郡人多附书者。羡行至石头城下，悉以百余函投水中，曰："沉者自沉，浮者自浮。殷洪乔不能为人作致书邮。"

〇金陵有投书渚。

禹偁敏赡，鲁直沉酣。

宋王禹偁，字元之。九岁能文，甚敏赡。父以磨面为主。毕士安为州守，禹偁代父输面，士安方命诸子属对云："鹦鹉能言争似凤。"禹偁从旁应声曰："蜘蛛虽巧不如蚕。"士安叹曰："子文章满腹，必当名世。"后举进士，为右拾遗，献《端拱箴》及《御戎十策》，独步当时，迁翰林学士，有《小畜集》。

宋黄庭坚，字鲁直。沉酣经史，诗文与苏轼齐名。尝云：士大夫三日不读书，则义礼不交于胸中，对镜觉面目可憎，向人则语言无味。

〇又殷仲堪曰："三日不读《道德经》，便觉舌本闲强"。
〇强，姜去声。

师徒布算，姑妇手谈。

唐僧一行求访师资，至天台国清寺。见一院古松十数，门有流水。立于门屏之间，闻院僧布算，谓其徒曰："今日当有弟子远来求吾算法，已合到门。"即除一算曰："门前水当却西流，弟子亦到。"一行承其言而趋入，稽首请法，门前水果西流。

唐王积薪，从明皇西幸，寓宿深溪。一家但有姑妇，止给水火，才暝阖户。积薪闻姑谓妇曰："良宵无以为适，与子手谈可乎？"堂内无烛，姑妇各在室对谈。已而姑曰："子已北矣，吾止胜九枰耳。"迟明，请问于姥。姥顾妇曰："是子可教以常势耳。"妇乃指示攻守之法，积薪自是棋艺精妙。

十四盐

凤仪李揆，骨相吕嵓。

唐李揆，字端卿，陇西人。乾元中，同平章事。美风仪，善奏对。帝曰："卿门第、人物、文章，当世第一，信朝廷羽仪。"故时有"头头第一"之说。德宗朝，卢杞恶之，使入吐蕃。及至，诸酋长曰："闻唐有第一人李揆，公是否？"揆畏留，因绐之曰："彼李揆安肯来！"还至凤翔，卒。

〇酋，音啾。

唐吕嵓，平阳蒲州人，生天宝十四年四月十四日巳时。喜顶华阳巾，衣黄白襕衫，系大皂绦，状类张子房。始在襁褓，马祖见之，曰："此儿骨相不凡，他时遇庐则居，见钟则叩，留心记取。"后以进士授德化县令，私行庐山。遇钟离真人，授天仙剑法，得九九数，号纯阳子，仙去。

○峃，古岩字。

魏牟尺縰，裴度千縑。

魏牟见赵王，王方使冠工制冠，问治国于牟。对曰："大王诚能重国若此二尺縰，则国治。"王曰："社稷至重，比之尺縰何也？"曰："大王制冠不使亲近，而必求良工者，非谓其败縰而冠不成欤？今治国不求良士而任其私爱，非轻国于尺縰欤？"王无以对。

○縰，音洗，墨缯也。

唐皇甫湜，字持正，与李翱、张籍齐名。裴度辟为判官。度修福先寺，求碑文于白居易。湜曰："近舍湜而远求居易，请辞。"度乃使作之。立就，酬以车马缯彩甚厚。湜大怒曰："自吾为《顾况集序》，未尝许人。今碑文三千字，一字三縑，何遇我薄耶？"度笑曰："不羁才也，当应足数。"

○湜，音是。縑，丝绢也。或云一字一绢，未详熟是。

孺子磨镜，麟士织帘。

汉徐稚，字孺子。尝事江夏黄琼。琼没，孺子往会葬，无资自致。赍磨镜具自随，所在取值，然后得前。稚前后为诸公所辟，虽不就，及其死，必以只鸡絮酒往莫。莫毕即返，不见丧主。

○又负局先生，语似燕、代间人。常负磨镜局，徇吴市中，炫磨镜一钱。见葛洪《神仙传》。

南北朝沈麟士，字云祯，武康人。居贫。织帘读书，口手不息，乡里号为织帘先生。麟士尝行路，邻人认其所着屐。麟士曰："是卿屐耶？"既跣而反。邻人得屐，送前者还之。麟士曰："非卿屐耶？"笑而还之。初应里选入都，仆射何尚之命子师之。后归余杭山中，从游者数百人。

华歆逃难，叔子避嫌。

汉华歆，字子鱼，高唐人。与王朗俱乘船避难。有一丈夫欲依附，歆难之。朗曰："幸尚宽，何为不可！"后贼追至，朗欲舍所携人。歆曰："本所以疑，正为此耳。既已纳其自托，宁可以急相弃耶！"遂携拯如初。

周颜叔子，鲁人。独处一室。夜大雨，比舍屋崩，一女子趋而投之。叔子使执烛于手，烛尽，焚燎以继之，至明不二。其避嫌之审如此。

〇又鲁男子独处，邻妇因风雨室坏趋托之。男子不纳，妇人曰："何不学柳下惠，姬不逮门之女，国人不称其乱。"男子曰："柳下惠固可，吾固不可。吾将以吾之不可学柳下惠之可。"

盗知李涉，虏惧仲淹。

唐李涉，南康人。过皖口遇盗。其豪首审知是涉，遂曰："既是李博士，不用剽夺。久闻诗名，愿赠一首足矣。"涉题绝句云："暮雨潇潇江上村，绿林豪客夜知闻。他时不用逃名姓，世上如今半是君。"盗喜曰："确言也。"一笑而去。

○涉号青溪子，与弟渤隐居庐山白鹿洞中，屡避不就。

宋范仲淹镇延安，夏人相戒曰："毋以延安为意。小范老子胸中有数万甲兵，不比大范老子可欺也。"公与韩魏公在军，名重当时，称为韩范。谣曰："军中有一韩，西贼闻之心胆寒；军中有一范，西贼闻之惊破胆。"

○夏，元昊也。大范谓范雍，曾镇延安。

尾生岂信，仲子非廉。

鲁尾生，名高。师古曰：即微生高也。尝与女子期于梁下。女子不来，水暴至。生不去，欲以全信，遂抱桥柱而死。

○东方朔书曰："信如尾生。"梁，一云即蓝桥，在今陕西蓝田县。后裴航得玉杵白，娶云英，在此处。

王季木云："陈仲子与齐同姓，愤宗人之为乱，避兄离母，虽有所托而逃。赵威后问齐使，乃曰：于陵仲子尚存乎？是其为人也，上不臣于王，下不治其家，中不索交诸侯，此率民而出于无用者，何为至今不杀乎？"

○又桓温尝读《高士传》至于陵仲子，便掷去曰："谁能作此溪刻自处！"是诚不得为廉。

○溪刻：苛刻；刻薄。

由餐藜藿，鬲贩鱼盐。

仲由少贫贱，食藜藿之食，百里负米以供二亲。亲殁后，徙游于楚，从车百乘，积粟万钟，累裀列鼎，叹曰："愿欲食藜藿，为亲负米，不可复得也。枯鱼衔索，几何不蠹；二亲之寿，忽若过隙。"夫子曰："由也事亲，可谓生事尽力，死事尽哀者矣。"

殷胶鬲，遭殷之乱，隐遁为商，鬻贩鱼盐。文王知其贤，举之以贡于纣。后武王伐纣，纣使候师于鲔水。问师将何之。武王曰："将之殷。"鬲曰："以何日至之？"武王曰："将以甲子至殷郊，子以是日报矣。"会大雨日夜不休，武王疾行不辍，曰："吾以救胶鬲之死也。"

○鲔，音委。武王入殷，问殷之所以亡，胶鬲日中为期，明日不至。

五湖范蠡，三径陶潜。

范蠡，字少伯，三户人。越大夫。佐勾践灭吴。勾践欲与分国，辞曰："君行令，臣行意。"遂携西施泛舟五湖。浮海入齐，变姓名，自号鸱夷子皮。后散财，辞齐相，止于陶，自号陶朱公，复致资累巨万。越王求之不得，以良金写其状而朝礼之。

○五湖：滆、洮、射、贵俱入太湖，总称之也。《国语》曰：吴越战于五湖。实笠泽一湖耳。

陶潜《归去来辞》有"三径就荒"之语，盖以潜所居柴桑旧宅蒿莱满径，仿佛张仲蔚之杜门养性。三径蓬蒿，没人也。

○又蒋元卿还杜陵，荆棘塞门，舍前有三径，不出。惟羊仲、求仲从之游。二仲皆挫廉逃名之士。

徐邈通介，崔邸宽严。

季汉徐邈，字景山。或问卢钦："徐公当武帝之时，人以为通；自凉州还京师，人以为介。何也？"钦答曰："往者毛孝先、崔季珪用事，贵清素之士，人皆变易车服以求名高，而徐公不改其常，故人以为通。比天下奢靡，转相仿效，徐公雅尚自若，不与俗同，故人以为介也。"

○孝先，毛玠字。季珪，崔琰字。武帝指曹操。

唐崔郾，字广略。初治虢以宽，月不答一人。及莅鄂，则严法一无所贷。或问其故，曰："陕土瘠而民劳，吾抚之易服。鄂土沃民剽，杂以夷俗，非威莫能制。政，贵知变也。"累官礼部尚书，家不藏赀，周给亲旧。

易操守剑，归罪遗缣。

汉王烈，字彦方。少师陈寔，以孝义闻。乡里有盗牛者，主得之，盗请罪曰："刑戮是甘，但勿使王彦方知之。"烈闻，谢之，遗以布一端。后有老父遗剑于路，行道一人见而守之。求其人，乃先盗牛者。凡有争讼往质于烈，或至途而返，或望庐而还，其德感人如此。

汉陈寔，字仲弓。平心率物。乡里有争讼，辄求判正，曰："宁为刑罚所加，不为陈君所短。"尝夜读书，有盗止梁上。寔呼子弟谓曰："不善之人，未必本恶；习与性成，遂至于此，梁上君子是已"。盗惊投地，稽首归罪。寔曰："当由贫困所致。"遗绢二匹遣之。

十五咸

深情子野，神识阮咸。

晋桓伊，字叔夏，小字野王，或称子野。善音乐，尽一时之妙。每闻清歌，辄唤奈何。谢公闻之，曰："子野可谓一往有深情。"

○又伊于孝武前命奴吹笛，自抚筝而歌曹子建《怨诗》曰："为君既不易，为臣良独难。忠信事不显，乃有见疑患。"时谢太傅为王国宝所构，感而泣下。越席就之，捋其须曰："使君于此不凡。"

晋荀勖，暗解律吕，因正雅乐。每公会作乐，阮咸必谓不调。勖忌之，遂出阮为始平太守。后有耕者得周时玉尺，荀以校己所制乐器，觉皆短一黍，于是服阮神识。

○唐元澹得古冢铜器，似琵琶，声正圆。澹曰："此阮咸所作器也。"命以木弦之，其声亮雅，乐家遂谓之阮咸。

公孙白纻，司马青衫。

公孙侨，郑大夫。吴使季札来聘鲁，通嗣君也。故遂聘于齐，旋聘于郑，以及晋、卫。于郑见子产，如旧相识，与之缟带，子产献纻衣焉。

○纻衣，白纻之衣也。

○《左传》郑注：吴地贵缟，郑地贵纻，故各献己所贵，示损己而不为彼货利。

唐白居易谪江州司马，喜曰："匡庐在念久矣，今得青山绿水，为风月主人，幸甚。"一日送客溢浦口，夜闻邻舟琵琶声。问之，乃长安老妓也。为作《琵琶行》，末云："凄凄不似向前声，满座重闻皆掩泣。座中泣下谁最多？江州司马青衫湿。"

○或谓浔阳妓即裴兴奴。

狄梁被谮，杨亿蒙谗。

唐狄仁杰，以功追封梁国公。武后尝谓公曰："卿在汝南，有谮卿者，欲知之乎？"公谢曰："陛下以为过，臣当改之；以为无过，臣之幸也。彼谮臣者，臣不愿知。"谥文惠。

○又吕蒙正初入朝堂，有朝士指之曰："此子亦参政耶！"蒙正佯为不知。同列者不平，诘其姓名，蒙正遽止之。曰："若一知其姓名，则终身不忘，不若不知为愈。"时服其量。

宋杨文忠公亿，为执政者所忌，言事者攻之不已。公谢启有曰："已落沟壑，犹下石而未休；方因蒺藜，尚弯弓而不已。"

○亿，谥文。

布重一诺，金慎三缄。

汉季布为河东太守，诋曹邱生于窦长君。曹邱生请见曰："楚人谚曰：得黄金百斤，不如得季布一诺。足下何以得此声于梁楚间哉？且仆楚人，足下亦楚人，仆游扬足下之名于天下，顾不重耶？何拒仆之深也！"布大悦，厚赠之，由是名益著。

孔子适周，入后稷庙。见金人，三缄其口，而铭其背曰："古之慎言人也。无多言，多言多败。无多事，多事多患。安乐必戒。

无所行悔。勿谓何伤，其祸将长。勿谓何害，其祸将大"云云。

〇又："君子知天下之不可上也，故下之；知众人之不可先也，故后之"云云。顾谓弟子曰："小子识之！此言实而中情。"

〇《集语》云入太庙，铭亦小异。

彦升非少，仲举不凡。

南北朝任昉，字彦升。八岁能属文。梁武时，历黄门侍郎，出为义兴新安太守。为政清省，所著文章数十万言。褚彦回语其父遥曰："卿有令子，相为喜之，所谓百不为多，一不为少。"昉由是名声藉甚。

〇又陆琼年八岁，号神童，从祖襄叹赏之，亦引此二语。

汉陈蕃，字仲举，汝南人。薛勤为郡功曹，蕃年十五，为父赍书诣勤，勤顾察之。明日，造焉，蕃父出迓。勤曰："足下有不凡之子，吾来候之，不从卿也。"时庭宇荒芜，勤曰："孺子何不洒扫以待宾客？"蕃曰："大丈夫当扫除天下，安事一室！"勤益奇之，言论终日。

〇迓，音讶，迎也。

古人万亿，不尽兹函。

十千曰万，十万曰亿，言古人之多也。

函，书帙也。言学问无穷，人当博洽，非仅得此函可遂已也。二语总结。

谦德国学文库丛书

（已出书目）

茶经·续茶经	虞初新志
唐诗三百首	迪吉录
宋词三百首	浮生六记
元曲三百首	文心雕龙
小窗幽记	幽梦影
菜根谭	东京梦华录
围炉夜话	阅微草堂笔记
呻吟语	说苑
人间词话	竹窗随笔
古文观止	国语
黄帝内经	日知录
五种遗规	帝京景物略
一梦漫言	子不语
楚辞	水经注
说文解字	徐霞客游记
资治通鉴	聊斋志异
智囊全集	清代三大尺牍: 小仓山房尺牍
酉阳杂俎	清代三大尺牍: 秋水轩尺牍
商君书	清代三大尺牍: 雪鸿轩尺牍
读书录	孔子家语
战国策	贤母录
吕氏春秋	张岱文集: 陶庵梦忆
淮南子	张岱文集: 西湖梦寻
营造法式	张岱文集: 快园道古
韩诗外传	
长短经